올바른 공부법

올바른 공부법

초판 발행 2020년 3월 10일

지은이 | 조지 필모어 스웨인
옮긴이 | 권혁
발행인 | 권오현

펴낸곳 | 돋을새김
주소 | 경기도 고양시 일산동구 하늘마을로 57-9 301호 (중산동, K시티빌딩)
전화 | 031-977-1854~5 팩스 | 031-976-1856
홈페이지 | http://blog.naver.com/doduls 전자우편 | doduls@naver.com
등록 | 1997.12.15. 제300-1997-140호
인쇄 | 금강인쇄(주)(031-943-0082)

ISBN 978-89-6167-265-8 (03190)
Korean Translation Copyright ⓒ 2020, 권혁

값 10,000원

★★★★★

MIT와 하버드의 교수로 재직했던 경험에 근거한 이 책은 '올바른 공부법'에 대한 유익한 정보들과 기본적인 학습요소들을 자세히 설명한다. 다른 말로 하자면, 좋은 학습 습관을 제시하고 있다. 저자는 유명인사들의 명언과 인용문을 자신의 핵심적인 내용을 전하는 예로 활용한다. 내가 이 책에 매력을 느끼게 된 이유이기도 하다. 이 책은 두 번 읽기를 권한다. 책이 담고 있는 정보를 한번만 읽어서는 충분히 기억하지 못할 것이기 때문이다.

★★★★★

(점수를 잘 받는) 좋은 학생이 되는 것과 (유용한 정보를 갖추고 보다 지적인) 좋은 학습자가 되는 것 사이에는 아주 큰 차이가 있다. 이 책은 그런 차이에 대한 통찰력을 제공한다. 진짜 공부법에 대한 훌륭한 지침들을 제공한다. 1917년에 발행된 책이니 100년이 지났지만 오늘날의 학생들에게 여전히 100% 적용할 수 있다.

★★★★★

대단히 훌륭한 책이다. 지극히 일반적인 내용이라 할 수 있지만 동기부여가 된다. 공부하는데 어려움을 겪고 있거나 망설이고 있는 사람들에게 권한다.

★★★★★

학교에서 언제나 공부를 열심히 했지만 나중에 게을러지고 산만해져서, 나 자신이 비결과 조언을 읽으면서 당시의 오래된 습관을 다시 떠올리게 되었다. 오랫동안 자전거를 타지 않다가 다시 타고 있는 듯한 기분이 들었다. 때로는 너무 자세하기도 하지만 여기에서 제시하는 묘책은 실제로 먹힌다. 내용은 압축되어 있으며 오늘날 온라인상에서 읽고 있는 대부분의 시시한 것들보다 더 큰 가치가 있다.

★★★★★

대단히 유용하다. 공부법뿐만이 아니라 새로운 정보를 어떻게 바라볼 것인가에 대한 지침을 제공한다. 모든 것을 의심하라!

★★★★★

공부법은 물론 교육에 대한 훌륭한 책이다. 나의 학생들에게도 권하겠다.

★★★★★

공부법에 대한 아주 좋은 조언들이 담겨 있다. 독서를 통해 보다 더 유용한 것을 얻고 싶은 사람들에게 권한다. 저자는 다른 문학작품들로부터 압축된 지식을 전하면서, 자신의 학습으로부터 '지혜의 정수'를 제시한다.

★★★★★

좋은 학습 습관과 공부기술을 배우고자 하는 사람들 누구에게나 소중한 책이다. 저자의 주장을 뒷받침할 연구 데이터나 과학적 방법론 같은 것은 제시되지 않는다. 오래된 금언을 읽는 것과 같다.

스웨인 교수와 나는 학창시절부터 거의 35년 동안 가족처럼 아주 가깝게 지냈으며, 그와 공학기술과 관련된 자문과 일반 업무를 함께 했다.

난 언제나 그의 명민함과 예리하고 분석적인 관찰력 그리고 추론해내는 논리적인 방법에 강한 인상을 받았고 흠뻑 매료되었다. 그는 이러한 품성들을 자신의 학생들에게 가르치기 위해 노력했다. 그의 교수 방법은 모두 이러한 목적에 집중되어 있었다고 할 수 있다. 학생들에게 언제나 논리적인 추론을 강조하면서 윌리엄 제번스의 《논리학 기초수업》을 구해 그 내용을 완전히 익히라고 진지하게 추천했던 것을 기억하고 있다.

그의 사고 과정은 마치 축지법과 같은 것이어서, 보통사람들이 거치는 느리고 고단한 단계와 비교하면 그의 정신은 부분들을 거치지 않고도 전체를 파악할 수 있는 것처럼 보이곤 했다. 강의실에서 빛을 발하는 그의 뛰어난 정신은 종종 단조롭게 공부하는 학생들을 깜짝 놀라게 만들면서 그들의 잠자고 있는 능력들을 깨우는데 성공했으며 학생들이 더욱 열심히 노력하도록 이끌었다.

그의 정신은 지극히 수학적이어서 그의 암산을 지켜보는 것은 종종 매우 즐거운 일이기도 했다. 내가 계산기를 두드리고 있는 동안, 세자리나 네자리 수의 제곱값을 순식간에 구하는 걸 보곤 했다. 사실 그는 계산기를 거의 사용하지 않았는데, 정신을 훈련시킬 기회를 너무 많이 빼앗아가기 때문이라고 했다.

그는 기회가 있을 때마다 학생들에게 정신을 '유동적으로 흐르도록'유지하라고 권했다. '문제를 분석하면서 장애물과 마주쳤을 때, 정신을 그 문제 주변으로 흐르도록 하고 모든 측면에서 그 문제를 바라보라고 했다. 그래야 문제가 더욱 심각해지지 않게 된다는 것이었다.

이런 충고를 그 자신이 스스로 실천하면서 까다로운 문제들을 풀어가는 과정을 지켜보는 건 흥미진진한 일이었다. 그는 일정한 추론 과정을 따르다가 뚜렷한 해결책에 도달하지 못하게 되면, 그동안에 적용했던 모든 것을 버리고 전혀 새로운 접근방법을 선택했다. 그리고 언제나 '모든 수학적인 결론에는 상식이

재판관으로 자리잡고 있어야 한다'고 강조했다. 그는 '상식'이라는 단어를 '비범한 판단'이라고 불러야 한다는 말을 즐겨 사용했다.

그는 엄청난 다독가였다. 세상의 온갖 일에 둔감하지 않으면서도 전문잡지의 내용들을 면밀하게 조사하고 걸러내는 어려운 묘기를 보여주었으며, 동시에 역사나 전기 그리고 소설을 탐독했다. 병석에 있는 동안 그는 읽는 것 외에는 아무것도 하지 않았는데, 그가 읽은 책들을 확인하곤 깜짝 놀랐다. 석 달 동안 125권의 책을 읽었다고 했다.

선생으로서 그의 생각은 〈올바른 공부법How to Study〉이라는 작은 책자에서 정확하게 확인할 수 있다. 맥그로힐 출판사에서 1917년에 출간한 70여 페이지도 안 되는 책 속에 그가 공부하는 기술로서 간직하고 있던 근본적인 생각들을 가득 담아놓았다.

그는 대단히 능력이 있는 저자였고 그의 책은 신중한 정리와

해설의 모범이었다. 이 글을 쓰고 있는 나의 책상에는 그가 작성한 건조물에 관한 초고들이 펼쳐져 있다. 교과서로 사용되었던 그 문건들의 한 귀퉁이에는 강의실에서 그가 했던 말들을 받아 적어 놓은 것들이 남아 있다. 성공적인 공학자를 양성하는데 필수적인 일들을 언급하는 것들이다.

■ 성공하기 위해 필요한 네 가지
1. 지식
2. 경험
3. 판단력
4. 성품

• 앞의 두 가지를 얻기 위해서는 공학계의 보고서와 전문적인 논문들을 읽는다. 다른 사람들의 경험을 주의 깊게 듣는다. 줄곧 기록한다. 자료를 축적한다. 모든 분야를 계속 공부한다.
• 다른 사람들을 관찰하는 것으로 판단력을 훈련한다. 믿을

수 있는 근거가 없는 견해는 가져서는 안 된다.

- 성품 — 많은 것들이 성품에 좌우된다. 인내력은 매우 중 요하다. 질서를 따른다. 침묵한다. 신뢰를 얻고 정직해야 한다.
- 개인적인 체면과 개인적인 언사를 조심한다.
- 성공은 인생에서 가능한 최대한의 것을 활용하는 것이다. 돈을 의미하지는 않는다.
- 자신의 궁극적인 성공을 절대 의심하지 말라.
- 만약 도움을 얻고 싶다면, 대답하기 쉽게 구해야 한다.
- 지나치게 확신하지 말라.
- 중요한 말은 짧은 몇 마디로 전한다.

스웨인 교수님은 특별한 분이었다. 그는 존스 홉킨스와 MIT 그리고 하버드에서 내가 만났던 선생님들 중 최고의 스승이었다. 나는 이미 존스 홉킨스 대학에서 논리학을 공부했지만 스웨인 교수님은 나의 능력 내에서 그것을 어떻게 활용할 수 있는지를 가르쳐주었다.

그는 언제나 준엄한 분이었다. 준비 없이 교실에 들어오는 학생들은 아무것도 얻을 수 없었다. 그의 강의 노트들은 복사되었고, 그것들을 공부할 때 정신을 집중하지 않았던 학생이 나중에 알아차릴 수 있도록 모든 오류들은 수정되지 않은 채 그대로 남아 있었다.

그는 자신의 학생들이 단순히 그런 노트들이거나 책으로부터 배우는 것에 만족하지 않았으며 개인적인 사고를 강조했다. 그의 시험 문제들은 언제나 그 노트이거나 수업시간에 아직 다루어지지 않은 문제들을 포함하고 있었다. 그렇게 학생들의 생각을 요구했다.

대학교를 떠난 지 2년이 되어 내가 실제로는 모르는 것이 얼

11

마나 많은지를 알게 되었을 때, 그분을 떠올리고 그분이 있는 하버드로 갔다. 그의 교수방법은 독창적인 것이었으며 나에게 그 독창적인 것을 가르쳐주었다.

학생들에게 건넨 그분의 가장 소중한 가르침은 '주제에 대한 근본적인 원리들을 완벽하게 알게 되었을 때, 비로소 단단한 기반 위에 서게 된다'는 것을 반복하여 깨우쳐주는 것이었다고 생각한다. 업무 현장에서 전문적인 증명을 제시해야 할 때 이 가르침이 내게는 견뎌내기 어려운 상황에 맞서 견뎌낼 수 있는 용기와 확신을 주는 경우가 아주 많았다.

—추천사는 1936년에 미국 국립과학아카데미에서 발행한

저자의 전기(傳記)에서 발췌했다.

올바른
공부법

조지 필모어 스웨인 | 권혁 역

돋을새김

이 책은 저자의 오랜 교육 경험을 바탕으로 한 올바른 공부 방법을 제시하고 있다. 저자는 전문학교와 대학교의 재학생과 졸업생들이 올바른 공부 방법을 모르고 있다는 사실에 줄곧 놀라곤 했다. 만약 이런 저자의 경험이 신뢰할 만한 가늠자가 된다면, 그런 학교들을 졸업한 대다수의 학생들은 물론 선생님들도 올바른 공부 습관과 방법을 익히지 못했으며, 대단히 중요한 문제임에도 불구하고 아무런 노력도 하지 않았거나 관심을 전혀 기울이지 않았다는 것이다.

선생님들이 수업 과정에서 올바른 공부 습관과 방법을 익히도록 되풀이해서 가르치고 교실에서 일어나는 여러 가지 일들을 통해 모범을 보여야 한다는 것은 틀림없이 옳은 일이다. 선생님들은 이러한 방향으로 많은 일들을 할 수 있다. 실제로 저자는 지난 35년간의 교육에서 가장 중요했던 부분은 필시 공부하는 방법과 논리적으로 생각하는 방법을 가르치는 일이었을 것이라고 말한다.

저자는 수업시간에 공부의 원리를 부단히 반복해서 설명했으며, 학생들이 따라오지 못할 경우에는 그것이 잘못된 공부 방법과 추론 방법에서 비롯된다는 것을 보여주는 기회로 활용했다.

저자는 간결하지만 알기 쉬운 방식으로 자신이 교실에서 밝혀왔던 몇 가지 근본적인 원리들을 명확하게 설명하여 정리하는 것이 좋겠다고 생각했다. 그리고 어느 학년의 학생일지라도 그 설명 자체를 정해진 하나의 과목으로 삼아 한번 또는 그 이상의 수업을 한다면 도움이 될 것이라고 생각했다.

바로 그런 목표로 이 책은 집필되었다. 저자는 선생님들에게 학생들의 부족한 점들을 발견하고 개선을 추진할 수 있는 방향을 제시하는 것으로 이 책이 학생들은 물론 선생님들에게도 유익하다고 확인되기를 기대한다.

대부분의 학생들이 배우고 싶다는 의욕은 있지만 어떻게 배워야 할지는 모른다. 학생들은 종종 어떤 질문에 대해 책에 있는 내용을 활용해 정확하게 대답하곤 한다. 하지만 그 내용을 좀 더 깊게 파고들면 완전하게 이해하지 못한 채 대답하고 있다는 것을 알게 되는 경우가 많다. 선생님은 그런 경우에 관심을 가져야 하며, 가능하다면 그러한 문제의 원인을 명확히 밝혀주어야 한다.

저자는 만약 학생들이 이 책을 꼼꼼하게 읽고, 제시된 방법들을 따르려고 노력한다면 도움을 얻을 수 있을 것이라고 믿는다. 그렇게 된다면, 그리고 이 책이 학생들에게 시간을 절약하고 보다 깊게 이해하며 공부하는데 도움이 된다면 저자의 목표는 달성되는 것이다.

제2장
이해하는 공부

제5장
올바른 공부 습관과 방법

어떻게 공부할 것인가

배우고 익히는 목적은 다양한 능력을 모두 철저하게 발달시켜
완벽함에 이르도록 돕는 것이다. _리처드 멀캐스터

교육은 하나의 기회일 뿐이다. 교육이 성공이나 행복, 만족
감 또는 재산을 보장해주지는 않는다. 이러한 것들은 모두 교
육에 의해 어떤 발전을 이루었으며, 교육으로 어떤 효과를 이
끌어냈느냐에 따라 좌우된다.

교육은 도덕성이나 유용성을 의미하지 않는다. 많이 배운
악당이 무식한 악당보다 분명히 더 위험하기 때문에, 교육이
이 세상에 더 많은 해악을 끼치도록 만들 수도 있다. 하지만
타인의 권리를 존중하며, 소박하고 실용적이지만 높은 이상을

갖춘 훌륭한 성품과 결합하여 올바르게 적용된다면, 교육은 이 세상에 공헌하는 사람을 만들어내는데 매우 큰 도움을 줄 수 있다. 따라서 진정한 의미에서 한 사람의 인생을 성공적인 것으로 만들 수 있는 것이다.

학생이 교육에서 얻게 되는 것은 주로 그 교육에 무엇을 채워 넣었느냐에 달려 있다. 학생은 지식으로 가득 채워야 할 텅 빈 그릇이 아니라, 교육으로 올바르게 작동하도록 도와야만 하는 복잡한 기계라 할 수 있다.

순수하게 실용적인 교육의 목적은 다른 어떤 것보다 '능력'이라는 단어로 보다 명확하게 표현될 수 있다. 교육의 목표는 인생의 여러 가지 문제들을 해결할 수 있는 능력을 제공하고, 모든 재능을 최대한 계발하도록 돕는 것이다.

하지만 '실용적'이라는 말은 최대한 넓은 의미로 이해되어야 한다. 교육이 단순히 생계를 위한 실용성만을 지향하는 것은 아니기 때문이다. 그것이 무엇이든, 한 인간이 정당한 즐거움을 더 많이 누릴 수 있도록 하거나, 만족하고 행복하도록 도와주거나, 안목을 넓히도록 해주는 것이야말로 실제로 유용한 것이며 능력을 갖추도록 돕는 것이다.

"진정한 배움의 순서는 첫 번째가 필수적인 것, 두 번째는 유용한 것, 세 번째가 장식적인 것이어야 한다.
이러한 순서를 거꾸로 밟는 것은 건축물을 위에서부터 짓기 시작하는 것과 같다."

─리디아 시고니(Lydia Sigourney: 18세기 미국의 여류시인)

능력과 장점을 계발할 수 있는 유일한 방법은 학생의 노력이다. 진정한 교육은 오직 자기교육뿐이다. 선생이 학생을 위해 할 수 있는 최상의 교육은 학생 스스로 할 수 있는 것과, 그것을 할 수 있는 방법을 알려주는 것이다.

"적게 노력한다면 얻는 것도 적다.
인간의 운명은 노력에 따라 달라진다."

─로버트 헤릭(Robert Herrick: 19세기 미국의 소설가), 《헤스페리데스》

하지만 올바르고 영리하게 방향을 잡지 못한다면, 단지 노력만으로는 성과를 만들어내지 못하게 된다. 비록 성실하고 좋은 의도를 갖추고 있다 해도 그릇된 방향의 노력은 아무런 결과도 이끌어내지 못한다. 예를 들어, 인내가 그렇듯이, 만약 방향이 잘못 설정되어 있거나, 잘못 적용되거나, 조화를 이루지 못한다면 그 어떤 미덕도 악덕이 될 수 있는 것이다. 그래서 극단적으로 수행된 것은 무엇이든 정반대의 것이 되기 쉽다는 헤겔의 금언은 의미심장하다.

중고등학교나 대학에서 열심히 성실하게 노력했지만 그 성과가 미미할 뿐이거나 아무런 성과도 얻지 못할 수도 있다. 그러므로 열심히 노력해야 할 필요성과 노력하는 방법뿐만이 아니라 '효과적으로' 노력하는 방법 역시 알고 있어야만 한다.

그렇다면, 학생이 배워야 할 것들 중에서 가장 중요한 것은 '공부하는 방법'이다. 공부하는 방법을 터득하지 못한다면 그들의 노력은 대부분 헛수고가 될 수 있다. 시험에 합격할 수는 있겠지만 충분하게 아는 것은 없고 대수롭지 않은 능력만 갖추게 될 수도 있다.

비록 어느 한 가지 전문분야와 관계된 것일지라도, 어떤 학생이 대학에서 얻을 수 있는 지식은 인간의 지식 전체와 비교해보면 매우 하찮은 것이다. 게다가 대부분 앞으로 어떤 일을 하며 살게 될지 정확하게 예측할 수 없다는 것을 인식한다면 공부하는 방법이 중요하다는 것은 분명하다. 그러므로 교육이 새로운 과제나 새로운 문제를 해결하고 스스로 공부하고 터득할 수 있도록 해주지 않는다면, 다시 말해, 공부하는 방법, 즉 자신의 정신을 적절히 활용하여 당면한 과제에 효과적으로 적용하는 방법을 배우지 않는다면, 교육은 별다른 도움이 되지 않을 것이며 최종적으로 갖게 될 자신의 직업에도 도움이 되지 않을 것이다.

공부하는 방법을 배우는 것은 중요하다. 그런데 대부분의 학생들이 이것을 배우지 않고 있으며, 게다가 가르치려는 시도조차 거의 없다는 것은 이상한 일이다.

어린이들에게는 두뇌가 있기 때문에 당연히 공부하는 법도 안다고 생각하는 것과 같다. 어쩌면 오늘날의 대학 졸업생들 중의 대부분이 올바르게 공부하는 법을 배우지 않았을 것이며, 새로운 학문을 다루거나 터득하는데 어려움을 겪거나 전혀 따라잡지 못하고 있을 것이다. 그들은 단지 기계적인 방식으로 상투적인 것들을 다루는 방법만을 배운 것이다. 즉, 기계적으로 암기하는 것만을 배웠기 때문이다.

이 책은 이 문제의 중요성을 강조하고 올바른 공부를 위한 몇 가지 원칙들에 주의를 기울이게 하고 싶다는 희망을 담아 작성한 것이다.

넓은 의미에서 보자면, 앞으로 다루게 될 질문은 '어떻게 문제를 찾아낼 것인가?'이다. 그 첫 번째 단계는 책과 실험자료, 경험의 결과를 포함하여 이 문제와 관련된 수집 가능한 모든 정보를 모아 그 내용을 검토하고 이해하는 것이다. 그렇다면 개인적인 조사와 연구, 그 이상의 실험적인 탐색, 의견 교환, 여행 등이 필요하게 될 것이다. 하지만 전반적으로 책을 통한 연구에 기초하게 될 것이며, 여기에서는 특히 이 부분에 관심을 기울이려 한다.

이제부터 올바른 공부 방법에 필수적인 요소들에 대해 생각해보기로 하자.

제1장

올바른 정신적 태도
THE PROPER MENTAL ATTITUDE

첫 번째 필수적인 요소는 '학생이 올바른 정신적인 태도를 가져야 한다'는 것이다. 추종적이거나 맹목적인 믿음이 아닌 정신적인 용기와 결단력을 갖춘 태도여야 한다. 학생의 목표는 단순히 어떤 책을 읽는 것이 아니라, 그 주제를 이해하려는 것이다. 만약 어떤 책을 읽기에 적합하다면, 다시 말해, 올바르게 준비되어 있으며 꼭 필요한 정신적인 능력을 갖추고 있다면 그는 그 책의 내용을 완전히 터득할 수 있게 된다.

학생이 책을 지배해야 하며, 책이 그를 지배하게 해서는 안 된다. 그 책의 저자가 생각하는 견해상의 문제를 배워야 하지만, 그러한 견해를 절대 맹목적으로 받아들여서는 안 되며, 오직 그 견해가 옳다고 판단할 때만 믿어야 한다.

학생들은 흔히 읽어야 할 책에 인쇄되어 있는 것은 무엇이든 진실이라고 무조건 받아들인다. 이렇게 하는 것은 비록 읽은 것을 기억한다 해도 기계적으로 암기하여 배우는 것이므로, 그는 단순히 모방하거나 베끼기만 하는 상투적이며 주먹구구식의 사람이 되고 만다.

단순히 책에 있기 때문에 진실인 것은 아무것도 없다는 것을 알아야 하며, 오직 자신의 이해라는 평가를 통과하는 것만을 받아들여야 한다.

그러므로 정신적인 용기는 올바른 학습 방법에 필수적인 것이며, 만약 정신적인 용기가 없다면 학생은 앵무새와 다를 바없게 된다. 학생은 그 주제를 완전히 이해할 수 있다는 자신의 능력을 확신해야 하며, 그것에 정통하겠다는 확고한 결의를 갖춰야 한다.

물론, 자신이 완전히 이해할 수 없거나 이해할 준비가 되어 있지 않은 책을 읽어야 하는 것은 아니다. 당연하게도 적절한 준비와 충분한 정신적인 능력은 필수적인 것이며, 여기에서는 그런 조건을 전제로 하고 있는 것이다. 중요한 것은, 자신의 능력에 대한 판단과 그것을 활용하겠다는 의지가 변함없이 머릿속에 자리 잡고 있어야 한다는 것이다.

물론 일반적이지는 않더라도, 학생들에게는 주어진 과제를 해결하는데 충분한 시간이 주어지지 않는 경우가 많으므로, 여기에서 권하는 방법을 완벽하게 따르지 못할 수도 있다. 그래서 비록 책을 읽는 동안에는 그 내용을 인정할 만한 이유를 알아차릴 수 없으면서도 그대로 받아들일 필요가 있는 경우도 종종 있을 것이다. 하지만 어떤 경우라도 그것이 단순한 사실이거나 정의인지, 아니면 근거가 있는지를 파악하려고 노력해야

한다. 만약 읽는 동안 그 근거를 이해할 수 없다면 그 내용을
오직 임시적으로만 인정해야 하며, 그 문제를 완전히 이해하고
싶다면 그것을 적어두었다가 반드시 다시 읽어보고 더 깊이 공
부해야만 한다.

1. 독서와 이해의 명확한 구별

학생들은 독서와 이해를 명확하게 구별해야만 한다. 제아무리 폭넓게 읽고 제아무리 기억력이 좋다 해도, 독서만으로는 지혜 또는 능력을 얻을 수는 없다.

"끊임없이 책을 읽지만
정신력과 판단력이 적절하거나 뛰어나지 않아서
여전히 자신이 없거나 안절부절 하고 있다면
책에는 정통하지만, 그 자신은 천박한 사람이다."
−존 밀턴(John Milton), 《복락원(Paradise Regained)》

누구나 가끔은 단어와 문장을 이해하지도 못하면서, 곰곰이 생각해보거나 이해할 수 있는 말로 해석해보지도 않으면서, 단순히 읽기만 하고 있을 때가 분명히 있다. 그런 독서는 쓸모없는 일보다 더 나빠서, 실제로 정신을 해치기도 한다. 그러므로 자신이 그렇게 하고 있다는 것을 알아차릴 때마다, 스스로를 일깨워 마음을 다잡고 주제에 집중하여 이해하도록 노력해야 한다.

만약 어떤 이유에서든 그렇게 할 수 없다면, 책을 덮고 가벼운 운동이거나 기분전환을 하는 등 어떤 식으로든 다른 일을 하는 것이 좋다. 공부를 하기에 적합한 때가 아니기 때문이다.

톱밥을 먹고 있으면서 음식을 먹고 있다고 생각하는 것처럼 자신을 속이고 있는 것이기 때문이다. 읽었다거나 기억하고 있는 것이 아니라 오직 이해한 것만이 우리에게 능력을 제공해준다.

"지식을 추구하는 데 있어, 피해야 할 두 가지 잘못이 있다. 그 중 하나는, 모르는 것들을 안다고 생각하면서 너무나도 성급하게 동의해버리는 것이다.

이런 잘못을 피하고 싶다면(모두가 그러기를 바라야 한다), 자신에게 제시된 주제에 대해 곰곰이 생각할 시간을 갖고 노력을 기울여야 한다.

또 다른 잘못은 애매모호하고 어려우면서 동시에 아무런 쓸모도 없는 일들에 과도한 열정과 너무 많은 노력을 쏟아 붓는 것이다." −키케로(Cicero, 고대 로마시대의 정치가), 《의무론》

2. 사실과 의견 그리고 논리적 결론의 구별

학생들은 결론 또는 견해를 단순한 사실과 명확하게 구별해야
만 한다. 만약 확실한 권위를 갖춘 것이라면, 단순한 사실일지
라도 공들인 조사의 결과일 수 있으므로 검증 없이 인정할 수
도 있다.

나일 강이 적도 부근의 아프리카에서 발원하여 북쪽으로 이
집트를 통과해 지중해로 흘러들어간다는 글을 읽었을 때, 그
내용을 검증할 수도 없고 반드시 그럴 것이라고 논리적으로 생
각해낼 수도 없다.

이것은 단순한 사실이며 평판이므로 있는 그대로 받아들이

면서 어쩌면 그 사실을 기억하기 위해 지도를 찾아보면 좋을 것이다. 마찬가지로, 만약 산소의 원자량은 16이라거나 물 1입방 피트의 무게는 62.4파운드라는 글을 읽었을 때, 이러한 설명들을 검증하는데 필요한 실험들을 직접 해볼 수 있을 것이라고 기대할 수는 없다. 만약 자신이 읽는 모든 것을 검증하려든다면, 인류가 지금까지 그 주제에 대해 연구하면서 수행했던 모든 조사들을 다른 사람들의 노력에 기대지 않고 다시 해야만 할 것이다.

사실들로부터 이끌어낸 결론 또는 견해는 전혀 다른 것이다. 그리고 논리적인 결론은 단순한 견해와 전혀 다른 것이다. 사실들은 어떤 결론을 논리적으로 입증하는데 충분한 것일 수 있다. 반면에 사실들은 비록 어떤 견해를 증명하기에는 대단히 부족할지라도, 평이하게 합리적인 근거를 제시하거나 제시하는 것으로 보일 수도 있다. 그러므로 학생들은 단순한 사실들의 진술과 그것으로부터 도출되는 필연적인 결론을 합리적인 것처럼 보일 뿐인 단순한 견해와 끊임없이 구별해야 한다.

또한 수학이나 논리학에서 그렇듯이, 사전에 실시된 실험이나 관찰에서 이끌어낸 축적된 사실이 없어도 독립적인 논거에 의해 도달하게 되는 결론들도 있다. 그러한 진실 또는 결론은 사실과 실험 또는 관찰에 근거한 결론과 반드시 구별되어야 한다. 그러므로 평면 삼각형의 내각의 합은 두 개의 직각과 동일하다는 글을 읽었다면, 이것이 단순한 사실이 아니라 필연적인 진실이라는 것을 알아야 한다. 단순히 그렇게 읽었기 때문에 받아들이는 것이 아니라 그렇게 되는 이유를 이해해야 하는 것이다.

정신적인 용기와 자주적인 태도에서 비롯되는, 이러한 구별을 위한 지속적인 연습은 올바른 학습에 필수적인 것이다.

3. 질문하는 습관의 중요성

학생의 정신은 연속적인 물음표가 되어야 한다.(1-1) 자신이 읽는 모든 진술에 대해서는 언제나 스스로 질문해야 한다. 그 진술에 근거가 있는지, 만약 있다면, 본질적으로 당연한 것이어서 자연스럽게 도달하게 된 것인지 또는 저자가 관찰했던 사실들로부터 도출된 것인지를 스스로 질문해 보아야 한다.

예를 들어, 언뜻 보아서는 물의 1입방 피트의 무게가 왜 62.4파운드여야만 하는지 아무런 근거도 없다. 단지 그런 것일 뿐이며 그것이 전부이다. 즉, 그렇기 때문에 그런 것이다. 하지만 물의 1입방 피트가 지표면의 어떤 지점에서는 다른 지점에서보다 더 가볍다거나, 북반구에서는 폭풍 속의 바람이 폭풍 중심의 주변에서 시계의 반대 방향으로 선회한다는 글을 읽었다면, 이러한 사실들은 이해해야 한다. 만약 사실이라면, 그렇게 되는 이유가 있을 것이므로 그 이유를 이해하도록 노력해야 한다.

엄격하게 말해, 우리가 단순한 사실이라 부르는 것일지라도, 단순한 정의를 제외한 모든 진실에는 반드시 이유가 있어야 한다는 것을 알아차려야만 한다.

원자의 구조와 배열에도 일정한 이유가 있으며, 주어진 장소와 주어진 온도에서 물 1입방 피트의 무게가 62.4파운드인 것에도 이유는 있다. 하지만 뉴욕이 필라델피아에서 90마일 떨어져 있는 것에는 아무런 이유가 없다. 90마일 떨어져 있는 그 두 지역은 단순히 그렇게 명명되었거나 정의되어 있는 것일 뿐이다.

설명 없이 단순한 사실로 받아들여지고 있는 많은 진실들은 시간이 흐르면서 과학의 발달에 의해 설명된다. 그래서 자침(磁針)이 북쪽을 가리킨다는 사실은 오랫동안 설명이 없는 단순한 사실이었지만 나중에 그 이유가 밝혀졌다. 오수에 의해 오염된 음료수가 장티푸스를 일으킬 수 있다는 사실도 이와 동일한 것이다.

요약하자면, 학생은 책을 읽으면서 끊임없이 구별하고 끊임없이 질문하면서, 읽는 동안에는 알아차릴 수 없던 문제점들을 기록해야 하지만, 이해하게 된 것에는 반드시 쉽게 찾을 수 있는 이유가 있어야 한다.

이러한 과정에 너무 깊숙이 빠져들어서는 안 되겠지만 평형감각은 유지해야 한다. 만약 근원을 찾아 가능한 모든 질문을 던지게 된다면 느리게 발전할 수밖에 없기 때문이다. 그러므로 만약 기술 천문학을 공부하고 있어서, 태양은 지구로부터 9,200만 마일 떨어져 있고, 목성에는 9개의 위성이 있으며, 시리우스 행성은 초속 11마일의 속도로 지구로부터 멀어지고 있고, 달은 언제나 똑같은 반쪽이 지구를 향하고 있다는 내용을 읽고 있다면, 현재의 단계에서 이러한 사실들을 규명할 수 없다는 것을 인식해야 하지만 나중에 원인까지는 아니더라도 적어도 그런 사실이 어떻게 확인된 것인지는 조사해볼 의문점들로 메모를 남겨두는 것이 좋다.

이유를 찾아낼 때까지 그 주제를 벗어나면 안 된다는 것은 아니다. 책을 읽던 그 시점에는 모르고 있던 사실이나 원칙들에 근거한 것일 수도 있기 때문이다. 하지만 만약 그런 경우라면, 그 사실을 시험적으로 받아들여야만 하지만 자신이 이해할 만한 분명한 이유가 있으며 나중에 살펴볼 것으로 기억 속에 담아두어야 한다. 책을 읽으며 공부하면서 선생님에게 물어보거나 나중에 조사해볼 그런 질문 목록을 만드는 것이 좋다.

학생은 체계적인 방식으로 단계를 밟아나가야 하며, 물리학을 공부하지 않았던 학생이 물리학 법칙들에 근거한 이유들을 이해하리라 기대할 수는 없다. 하지만 물리학에 대한 지식이 없다 해도 어떤 진술이 단순한 사실이 아니라 분명한 이유가 있는 것임을 알아차릴 수는 있다.

원시인들에게 자연은 전혀 이해할 수 없는 대상이었다. 무척이나 단순한 자연 현상들도 그들에게는 이해할 수 없는 것이었으며, 그래서 그들은 신들의 개인적인 행위들이 이러한 현상들로 나타난다고 상상했다. 과학이 발달하면서 한때는 불가사의하거나 사실이라고 생각했던 많은 자연 현상들이 쉽게 설명되었다.

하지만 영리한 학생은 일반적으로 설명된 다양한 종류의 진술들을 구별할 수 있으며, 이전에 습득했던 지식 체계와 연관시키는 것으로 새로운 진술들의 이유를 설명하거나 탐구하려고 부단히 노력한다. 불행하게도 보통의 학생들은 사실이나 결론 또는 견해이든 상관없이 있는 그대로 받아들일 뿐이며, 어쩌면 그것을 암기하면서 자신이 배우고 있다고 생각하고 있다. 검토해보거나 곰곰이 생각해보지 않으면서 심지어는 단순한 견해의 표명이라고 명시적으로 밝혀둔 것도 사실로서 받아들이는 경우가 종종 있다. 그래서 꼼꼼한 학생이라면 즉시 알아차리는 명백한 실수이거나 심지어 인쇄상의 오류들을 쉽게 받아들이거나 믿기도 한다.

적어도 어느 정도의 시간 동안에는 대부분의 사람들을 속이기 쉽다는 것은 바로 이런 이유 때문이다.

사람들이 스스로 생각하지 않는다면 당신이 말한 것을 믿도록 만드는데 필요한 것은 단지 당신이 권위자라는 생각을 갖도록 이끌기만 하면 된다.

4. 사실의 확인 방법에 대한 질문

학생은 이유를 따져보지 않았던 사실들에 대해서는 그것들이 어떻게 확인되었는가를 물어보아야만 한다. 이것은 관찰과 실험 방법들 또는 그 주제에 적용된 기술에 관심을 집중시키도록 할 것이다.

예를 들어, 뉴욕이 필라델피아로부터 90마일 떨어져 있다거나 태양이 지구로부터 9,200만 마일 떨어져 있다는 것은 어떻게 확인된 것일까? 비록 그 사실에 대한 이유라고 확정할 수는 없다 해도, 적어도 일반적인 방법으로 어떤 사실이 어떻게 확인되었는가는 언제나 확인이 가능하다. 이것은 물리학뿐만이 아니라 경제적, 역사적 또는 사회학적 성격의 질문에도 적용된다.

　만약 게티즈버그 전투에서 3,072명의 북군 병사들이 전사했다는 글을 읽었다면, 우리는 그 이유를 묻지 않는다. 그런 질문은 분명 아무런 의미도 없기 때문이다. 하지만 어떻게 그것이 확인되었는지는 물어볼 수 있다.

　전쟁터에서 직접 그 수를 세었는지 아니면 출석 조사를 실시했는지 등을 물어볼 수 있다. 또한 만약 남북전쟁 기간 동안에 화폐의 대량 발행으로 인해 국내에 있는 금의 총량이 줄었다는 글을 읽었다면, 이 경우에도 역시 그것이 어떻게 확인되었는지 물어볼 수 있을 것이며, 더 나아가 반드시 그 이유가 있을 것이라는 사실을 알 수 있을 것이며, 조만간에 왜 그렇게 되었는지도 확인할 수 있을 것이다.

5. 저자의 신뢰성에 대한 증거를 연구한다

학생은 공부하고 있는 책의 저자가 신뢰할만한 증거들을 갖추고 있는지 부단히 감시하는 훈련을 해야 한다.

그가 정확한 생각을 갖고 있는지, 그의 결론과 견해는 물론 사실에 대한 그의 설명들이 인정할만한 것인지를 확인해야 한다. 많은 저자들이 꼼꼼하지 못하며, 일부는 전혀 신뢰할 수 없으며, 또 일부는 의도적으로 왜곡한다. 때로는 전혀 사실에 부합하지 않는 견해를 밝힐 뿐만 아니라 종종 통계와 같은 단순한 사실에 대한 설명도 심각하게 의도적으로 왜곡시킨다.

스스로 추론하는 방법을 알고 있는 학생이라면 단순한 사실로부터 불합리하게 이끌어낸 결과인 잘못된 결론이거나 견해들을 알아차릴 수 있다. 하지만 사실의 왜곡은 그 학생이 원래의 출전이거나 관찰 내용을 추적할 충분한 시간과 기회를 가질 수 없다면 발견하지 못할 수도 있다.

경제학과 역사 그리고 사회학을 다루는 책에서 활용하는 통계적인 결과이거나 서술은 특히 의도적으로 또는 우연하게 왜곡되기 쉽다. 실제로 특정한 통계를 선택하고 다른 것들을 배제하는 것으로, 통계에 의존하는 거의 모든 것들은 입증될 수 있다.

따라서 신뢰성과 정확성의 징표를 찾아낼 수 있고 신뢰할 수 없는 저자를 배제하는 것은 매우 중요하다. 또한 도출된 어떤 결론이든 그것이 상식에 비추어 신뢰할 만한 것으로 보이는지의 여부를 묻는 것을 하나의 규칙으로 삼는 것도 중요하다.

만약 어떤 주제를 이러한 관점에서 보면 때로는 오류의 징후를 알아차리게 될 것이며, 그 원인을 추적해보면 관찰의 실수이거나 추론의 오류를 발견하게 된다.

주의해서 살펴본다면, 저자가 제시한 신뢰할 수 없는 증거는 대개 발견될 수 있다. 저자의 성향, 나이, 환경, 숙련도, 종교를 비롯한 여러 요인들이 작용하게 된다. 입증될 수 없는 단순한 견해일 뿐인 것을 독단적이거나 위압적인 태도로 설명하거나 자신과 다른 결론에 도달한 사람들을 인정하지 않는 저자는 기질적으로 신뢰할 수 없다는 것이 분명하다. 단 한 가지라도 의도적으로 사실을 왜곡한 것으로 드러난 저자라면 당연하게도 즉시 그리고 영원히 거부해야 한다.(1-2)

무심코 사실들을 왜곡한 경우라면 어쩌면 한번쯤은 지나칠 수도 있다. 그러므로 명확하게 증명할 수 없는 문제와 어느 정도는 견해에 해당하는 문제를 선입관을 갖고 증명하려 시도하는 저자는 대개 스스로가 신뢰를 얻을 만한 자질이 없다는 것을 보여주는 것이다.

학생은 이러한 것들을 비롯한 여러 실험들에 의해 자신이 공부하고 있는 책의 저자나 실험자의 진실성과 신뢰성에 대한 자신만의 의견을 갖추기 위해 지속적으로 주의를 기울여야 한다. 그렇게 하는 것으로 자신이 읽어야 할 책들을 스스로 신중하게 찾을 수 있다.

"맛만 보아도 될 책도 있고, 그대로 받아들여도 될 책도 있으며, 드물지만 곰곰이 생각하면서 천천히 음미해야 할 책도 있다."는 베이컨의 금언을 되새겨보는 것이 좋다. 또한 극히 드문 경우이지만, 혹시 있다면, 문자 그대로 소화시키지 않고

삼켜버려야 할 책도 있다. 저자의 신뢰성을 끊임없이 검토하라는 권고를 신중하게 지킨다면 안목을 갖춘 학생이라 불리게 될 것이다.

6. 신중함의 중요성

정신의 올바른 태도에 대한 또 다른 필수적인 요소는 신중함이다. 항상 타인이거나 자신 모두 오류의 가능성이 있다는 것을 인식하고 있어야 한다. 고의적이거나 무심코 저지르는 속임수를 스스로 경계해야 한다. 베이컨이 말했듯이, "반대하고 논박하기 위해서나, 믿거나 당연한 일로 여기기 위해서나, 잡담이나 이야깃거리를 위해서가 아니라 오직 평가하고 숙고하기(1-3) 위해 책을 읽어야 한다."

지금 읽고 있는 이 책의 저자도 실수를 저지르거나 잘못된 방향으로 이끌어가려 할 수도 있다.

"길을 찾기 어렵다고 생각하면서, 올바른 길로 가기를 간절히 바라면서도, 잘못되기를 바라는 사람들을 속이는 것은 얼마나 쉬운 일인가!"

그러므로 언제나 여러분의 저자를 의심해야 하며, 그의 모든 설명을 자신만의 지성으로 검증해 보아야 한다.(1-4)

7. 과학적인 태도의 중요성

열린 마음으로 그리고 선입관 없이 공부해야 한다. 과학적인 태도를 계발한다는 것은 우선 문제를 명확하게 체계화한 후에 타당한 사실들을 한데 모으고, 그 후에 논리적인 결론을 이끌어내는 것이다.

비록 받아들이기 쉽지 않다 해도, 사실로부터 이끌어낸 논리적인 결론이라면 모두 기꺼이 받아들일 준비가 되어 있어야 한다. 진실이 학습의 유일한 목표이며 또 유일한 목표여야만 한다.(1–5)

8. 지적인 겸손

지적으로 겸손해야 하지만 자신을 믿어야 한다. 오류를 바로잡는 것을 사랑하도록 스스로 단련해야 한다.

다음과 같은 현자들의 말을 기억해야 한다.

"틀린 것을 기꺼이 바로잡는 사람은 지식을 사랑하는 사람이다. 하지만 질책당하는 것을 싫어하는 사람은 야만인이다."
(속담)

"틀린 것을 바로잡아 주는 것을 거부하는 사람에게는 가난과

부끄러움이 남지만 꾸지람을 존중하는 사람은 존중받을 것이다."(속담)

"지혜의 시작은 잘못을 인식하는 것이다."(에피쿠로스)

"자주 훈계를 받으면서도 고집스럽게 목을 곧추세우는 사람은 갑작스럽게 무너지므로 구제할 방법이 없다."(속담)

"미움 받지 않으려면, 비웃는 자는 꾸짖지 말라. 현명한 사람을 꾸짖으면, 그는 당신을 사랑할 것이다."(속담)

"스스로를 현명하다고 생각하지 말라."(속담)

"진정한 지혜의 시작은 배우려는 욕망이다."(솔로몬의 지혜)

"비난과 비판은 아무도 해치지 못한다. 만약 틀린 것이라면, 내게 어른다운 품성이 부족하지 않는 한 나를 해칠 수는 없다. 만약 옳은 것이라면, 나의 약점들을 미리 보여주고, 실패와 고생을 미리 알려주게 될 것이다."
—글래드스턴(William E. Gladstone: 1809~1898 영국 전 총리)

"지나치게 모르는 것보다 더 나쁜 것이 있다면 지나치게 많이 아는 것이다. 교육이 편협한 사람의 생각은 넓어지게 하지만, 자만하는 사람에게는 아무런 구제책도 없다. 그에게 기대할 수 있는 최선책은 줄곧 부풀어 오르다 터지는 것이며, 당연하게 도 그 후에는 아무것도 남지 않는다. 가난이 선량한 사람을 망 치는 일은 절대 없지만 부귀영화는 종종 사람을 망치곤 한다. 어려운 시기를 견디는 것은 쉽다. 견디는 것이 유일하게 할 수 있는 일이기 때문이다. 하지만 호시절에는 바보 살인자(마블 코 믹스의 등장 인물. 바보들을 찾아 죽인다)도 밤일을 해야만 한다."
—로리머(G. H. Lorimer: 20세기 미국의 언론인), 《자수성가한 상인이 대 학생 아들에게 주는 편지》

    지적인 겸손은 자기 신뢰 그리고 정신적인 용기와 완벽하게 조화를 이룬다.

    책을 통한 학습은 너무나도 자주 지적 오만으로 이어지며, 지적 오만은 실질적인 정신의 발달에 가장 확실한 장벽이 된 다. 자신이 갖춘 지식의 한계를 인식해야 한다. 자신이 아는 것과 모르는 것을 명확하게 알고 있어야 하며, 그렇게 하지 못 한다면 자신이 알고 있는 것들이 균형을 잡지 못하고 있다는 것을 확인하게 된다. 하지만 기본적인 것은 알고 있다는 확신을 가져야 한다. 소크라테스는 우리의 무식함을 아는 것이 진정한 지식으로 다가가는 첫걸음이라고 했으며, 이런 페르시아의 속담이 있다.

"아는 것이 없으면서, 그 사실을 모르는 사람은 바보다. 그는 피해야 한다.
아는 것이 없으면서, 그 사실을 아는 사람은 어린이다. 그는 가르쳐야 한다.
아는 것이 있으면서, 그 사실을 모르는 사람은 잠들어 있는 것이다. 그는 깨워야 한다.
아는 것이 있으면서, 그 사실을 아는 사람은 현명한 사람이다. 그를 따라야 한다."

자신이 어떤 부류에 속하는지 스스로 물어보도록 하자.

9. 지식보다 지혜

공부의 목적은 지식보다 지혜를 갖추려는 것이어야 한다는 것을 기억해야 한다.

사실들은 중요하며 반드시 배워야 한다. 하지만 보다 더 중요한 것은 지혜를 얻는 것이며 진실과 오류가 구별될 수 있도록 정신과 판단력을 훈련시키는 것이다.

시인 윌리엄 쿠퍼는 이렇게 말한다.

"지식과 지혜는 절대로 하나가 아니다.

종종 아무런 관계도 없기도 하다.

지식은 다른 사람들의 생각들로 가득 찬 머릿속에 머물지만

지혜는 자신만의 생각을 경청하는 정신 속에 있다.

지식은 자신이 아주 많이 배웠다고 뽐내지만

지혜는 더 많이 알지 못한다고 겸손해 한다."

위에서 거론된 것들은 모두 학생의 정신적인 태도와 관련되어 있으며, 학생은 '정신적인 용기, 자기 신뢰, 분별력'을 가져야 한다는 것으로 간단하게 요약될 수 있다.

1-1) 많이 물어보는 사람이 많은 것을 배우게 된다.(베이컨)

1-2) "한 가지 일에 거짓말을 했다면, 다른 일에도 거짓말을 한다."(라틴 속담)

1-3) 사물들이 현재의 명칭 그대로 있는 것이 당연하다고 생각하는 사람들은 늘 있다. 사실들을 검토하는 것보다 명칭으로 다루는 것이 훨씬 더 쉽기 때문이다.(제임스 브라이스)

1-4) 지혜로운 사람은 무지한 사람을 알아본다. 그 자신이 무지했었기 때문이다. 하지만 무지한 사람은 현명한 사람을 알아볼 수 없다. 전혀 현명해본 적이 없기 때문이다.(페르시아 속담)

1-5) 식탁에서 나누는 잡담을 들어보면 열 명 중 아홉 명은 자신들에게 배움을 주는 것보다 즐겁게 해주는 책을 읽고 있다는 것을 알 수 있다. 또한 그들이 읽지 않는 것은 마음에 들지 않는 진실 또는 근거 없는 희망을 버리라고 말해주는 책들이다. 대중 교육은 분명하게도 냉혹한 현실을 보여주기보다 기분 좋은 환상을 길러주는 간행물을 폭넓게 읽도록 이끌었다.(스펜서,《다가오는 노예제도》)

제2장

이해하는 공부
STUDYING UNDERSTANDINGLY

두 번째 필수적인 요소는 첫 번째 요소와 연결되며, 이미 언급했던 것이지만 이제부터 논의할 '학생은 자신이 읽은 것을 이해해야 한다'라고 부를 수 있겠다. 권유가 거의 필요 없을 것으로 보이지만, 이것이 얼마나 일반적으로 무시되고 있는지는 매우 놀라운 일이다. 하지만 왜 그런지를 이해하기는 쉽다.

어린이는 자라면서 자신의 판단 능력을 훈련하거나 감각을 통해 지식을 얻어야 한다. 어린이는 단어의 의미를 어떻게 배우게 될까? '아빠'나 '고양이' 같은 명사들은 그 대상을 직접 가리키며 단어를 발음하는 것으로 쉽게 이해할 수 있다. 하지만 추상명사나 동사의 의미 그리고 몸짓으로 표현될 수 없는 다른 품사들은 어떻게 배우는 것일까? 어린이가 의미를 이해하지 못하는 많은 단어들을 사용해야 하는 것은 거의 피할 수 없는 일이며, 어린 아이들이 학교의 수업시간 중에 시를 암송할 때 자신들이 말하는 많은 단어들의 의미를 이해하지 못한다는 것은 거의 확실하다.

그래서 어린이들은 의미를 주의 깊게 검토하지 않고 단어와 문구를 사용하는 습관을 갖게 된다. 이러한 버릇은 초기 단계에서부터 막아야 한다. 어린이는 자신이 사용하는 단어들의 의

미를 계속해서 물어보아야만 하며, 그러한 의미들에 대해 물어
보도록 그리고 올바른 정신적인 태도를 갖도록 격려해야 한다.

어린 시절부터 사전을 활용하라고 요구해야 하며, 단어나
문구를 정확하게 사용하지 못하는 습관이 형성되지 못하도록
해야 한다. 그러한 습관은 사람이 가질 수 있는 습관들 중에서
도 가장 나쁜 것 중의 한 가지이다.

제임스(William James: 1842~1910 미국의 심리학자) 교수는 자신
의 흥미진진한 저서인 《선생님들께 전하는 이야기들》에서 이
러한 습관을 재미있는 일화를 예로 들어 전한다.

"나의 친구가 저학년 지리 수업을 검토해 달라는 요청을 받고
학교를 방문했다. 그는 교과서를 살펴보면서 이렇게 물었다.
'여러분이 땅에 수백 피트의 구덩이를 파야 한다고 생각해보세
요. 그러면 그 밑바닥은 땅 위보다 더 따뜻할까요, 아니면 더
차가울까요?' 아무도 대답을 하지 않자, 선생님이 말했다. '학
생들은 분명히 알고 있습니다. 하지만 선생님의 질문이 정확하
지 않은 것 같네요. 제가 한번 물어보겠습니다.' 그리고는 책을
들면서 이렇게 물었다. '지구의 내부는 어떤 상태일까요?' 그러
자 학급의 반 이상의 학생들이 즉시 대답했다. '지구의 내부는

화성융합 상태입니다.'"

　어쩌면 이러한 일이 초등학교에서만 일어날 것이라고 생각할 수도 있다. 실제로는 대학생과 대학원생은 물론 우리들 대부분이 수학이나 역학과 같은 과목에서도 우리가 의식하는 것보다 더 자주 이와 똑같은 일을 저지르고 있다.
　'에너지, 운동량, 변화율, 진동주기, 가치, 사회적 정의' 등과 같은 용어들은 종종 명확한 이해 없이 사용되고 있으며, 때로는 그 의미를 전혀 이해하지 못하면서 사용하곤 한다.

1. 명확한 개념의 중요성

　학생은 명확한 개념 형성의 습관을 배우고 꾸준히 익혀야 한다. 이것은 지적인 학습의 필수적인 원칙으로서 지켜야 하는 가장 중요한 원칙들 중의 한 가지다.(2-1) 사실이거나 사물 자체에 대해 명확한 개념이 형성되어 있지 않다면 올바르게 추론할 수 없다는 것은 자명하다.

　모호한 개념은 사물 자체에 대한 올바른 인식을 방해할 뿐만 아니라 그것과 관련된 모든 추론을 손상시킨다. 학생은 모호하고, 불명확하며, 어중간하게 형성된 개념들에 안주하지 않겠다는 확고한 생각을 갖고 있어야 한다. 사물에 대한 반쪽짜리 지식은 전혀 쓸모가 없지는 않겠지만 대개는 나머지 반쪽도 반드시 필요하다는 것을 알게 된다. 이 한 가지 가르침을 배우고 지속적으로 적용할 수 있다면 올바르게 공부하는데 어려움은 겪지 않게 될 것이다.

명확한 개념을 형성하는 습관을 어떻게 익힐 것인가를 설명하기는 쉽지 않다. 어느 정도는 직관적인 것이기 때문이다. 이런 습관을 갖춘 학생도 있고 그렇지 못한 학생도 있다. 하지만 이런 습관을 계발하지 못한 학생은 학문을 하거나 지적인 직업을 가져서는 안 되며 어쩌면 단지 대학과정을 밟는 대신 기술을 배우는 것이 더 낫다고 말하는 것이 무난할 수도 있다. 그런 사람은 언제든 잘못된 길로 들어설 가능성이 있으며, 그의 결론은 전혀 신뢰할 수 없을 것이며, 우리가 교육이라 부르는 것이 그에게는 도움이 되기보다는 해를 끼치게 될 수도 있다.

명확한 개념이란 애매모호할 수 있는 여지를 남겨두지 않고, 한 가지만을 의미한다는 것이다. 끊임없이 그런 개념들을 형성하려는 습관은 다양한 방식으로 계발될 수 있다. 예를 들어보기로 하자.

1. 사전의 활용

사전을 숙독하면 단어들 사이의 미묘한 차이점들을 구별하는 훈련을 할 수 있으며, 자신의 생각을 올바른 의미를 담은 단어들로 정확하게 표현하는 습관을 가질 수 있다. 단어들의 어원에 대한 지식은 빈번히 도움이 되며, 대주교인 트렌치의 《단어 연구》와 같은 책들 또는 표현에 대한 연습과 더불어 훌륭한 선생님의 영작문 수업도 이러한 습관 형성에 모두 도움이 된다.(2-2)

"사전도 읽기에 그리 나쁜 책은 아니다. 사전에는 여러 가지로 생각하게 만들어 주는 것들로 가득 차 있다."
―에머슨(Ralph W. Emerson: 19세기 미국의 초월주의자 시인)

벤자민 프랭클린(Benjamin Franklin: 미국 독립의 중추적 역할을 한 '건국의 아버지' 중 한 사람)은 독서에 대한 조언을 구하는 어떤 여성에게 이렇게 편지를 썼다.

"손에 펜을 들고, 조금이라도 호기심이 생기거나 도움이 될 만
한 내용이 발견되면 기록하면서 읽으라고 권하고 싶군요. …
평상시의 독서에서는 볼 수 없었던 생소한 과학용어 같은 것들
의 경우에는 좋은 사전을 가까이에 두었다가 정확한 의미를 모
르는 단어를 마주칠 때마다 즉시 찾아보는 것이 좋습니다. 처
음에는 성가시고 방해가 되는 일처럼 보일 수 있지만, 그 성가
신 일은 매일 줄어들게 될 겁니다. 그리고 낯선 용어들을 더
많이 알게 되면서 사전을 찾아보는 일도 점점 줄어들게 될 것
입니다. 그렇게 하다보면 더 많은 것을 이해하기 때문에 독서
가 더욱 만족스러운 일이 될 것입니다."

하지만 때로는 사전이 별다른 도움이 되지 않을 수도 있다.
어떤 한 가지 용어가 다른 용어에 의해 정의되어 있어, 다른
그 용어를 찾아보면 첫 번째 용어로 정의되어 있기도 하기 때
문이다. 또한 때로는 어느 단어에 대한 정의가 이해하기 더 어
려운 용어들로 제시되어 있기도 하다. 사전들 사이에도 차이점
들이 있다.

올바르게 수행한다면 언어학습, 특히 고전작품을 통한 공부는 커다란 이점이 있다. 어느 한 가지 언어에서 다른 언어로 번역하는 과정을 포함하고 있는 고전은 생각을 표현하는 정확한 단어나 문구를 발견하는데 있어 더 많은 연습이 필요하기 때문이다.

현대의 외국어를 공부하는 것보다 고전작품을 공부하는 것이 더 나은 이유는, 적어도 학생의 입장에서는, 현대어로 작성된 전문서적을 읽을 수 있게 되거나 여행이나 사업에서 활용하게 될 겉핥기식의 학습보다 명확한 개념을 익히겠다는 학습목표에 더 집중할 수 있기 때문이다.

고전작품을 공부하는 동안에는 다른 목표들은 전혀 없이 의미의 미묘한 차이들을 공부하는데 더 많은 관심을 기울여 집중하게 된다. 하지만 이런 모든 것들도 그 과목을 가르치는 선생님과 교수방법에 따라 달라진다.

2. 명확한 개념을 형성하는 습관

매일 일정한 수의 단어들을 정의해보고, 가능한 한 좋은 정의를 내려 본 후에, 그 결과를 사전 속의 정의와 비교해보는 것으로 계발할 수 있다. 만약 이 과정을 실천한다면 처음에는 놀라운 일들을 많이 겪게 될 것이다. 어떤 단어이든 다양한 방식으로 정의될 수 있으며 그것들이 모두 옳은 정의일 수도 있겠지만, 오직 한 가지만이 올바르게 정의된 것이다.

예를 들어보자면, 소는 네발 달린 짐승으로 정의할 수 있다. 하지만 이것은 올바른 정의이긴 하지만 분명 소를 정의한 것은 아니다. 소가 아닌 다른 많은 동물들에게도 이와 똑같은 정의가 적용될 수 있기 때문이다. 그렇다면 정의의 구성요소는 무엇일까?

이 문제는 완벽한 지식은 무엇으로 이루어져 있는가라는 질문과 명확하게 연계되어 있다. 예를 들어, 어떤 사물의 완벽한 개념을 구성하고 있는 것은 어떤 요소들일까? 라이프니츠에 따르자면, 완벽한 지식은 명확하고, 틀림이 없으며, 충분하고, 직관적인 것이다. 이 주제에 대한 논의는 윌리엄 제번스의 《논리학 기초수업》에서 찾아보면 도움이 될 것이다.

올바른 학습법의 필수적인 요소로서 명확한 개념 형성과 읽었던 것에 대한 이해의 중요성은 아무리 강조해도 지나침이 없다. 이것 없이는 부분적인 지식 이상을 얻을 수 없으며 언제나 애매한 언어의 사용으로부터 야기되는 추론의 오류를 범하기 쉬워지게 된다.

애매한 언어는 부지불식간에 어느 한 단어의 의미를 다른 의미로 사용하게 만들며, 어쩌면 불합리한 논법의 가장 빈번한 원인이 되는 논리적 오류를 범하게 한다.

3. 논리학 공부

　논리학은 올바른 추론의 과학이다. 논리학은 진실을 찾는 방법, 진실을 찾았을 때 알아보는 방법, 관찰과 실험에 의해 수집된 사실들로부터 일반 법칙에 도달하는 방법 그리고 이미 진실이라고 확인된 것들을 통해 새로운 사실들을 이끌어내는 방법을 가르쳐준다. 그래서 과학 중의 과학인 것이며 지식의 모든 분야에 적용된다. 그러므로 논리적인 사고 능력을 익히는 것을 지속적인 목표로 삼아야 한다.

　우선 첫째로, 모든 사고는 일정한 대상을 가리키는 '용어'나 이름, 일정한 종류의 특징이나 개념과 관계되어 있다.

　그 다음으로는 대상의 비교와 그것들의 동일성과 차이점을 발견하는 것과 관계되어 있다. '철은 금속이다'라고 말하거나 '모든 금속은 원소이다'라고 말할 때, 이 두 가지 진술이 명제로서 참인지 거짓인지를 찾아낼 수 있어야 한다.

　마지막으로, 앞서 제시한 두 가지 명제들로부터 '철은 원소다'라는 새로운 진실을 찾아내는 것처럼, 이전의 명제로부터 새로운 명제를 이끌어내는 것과 관계되어 있어서 마침내 새로운 진실들에 도달하게 되는 것이다.

하지만 이 과정에서 오류를 범할 가능성이 많다. 이렇게 이야기해보자.

'당신을 동물이라 부르는 것은 진실을 말하는 것이다.'
이 말에 당신은 동의할 것이다.
'당신을 당나귀(ass: 바보)라 부르는 것은 당신을 동물이라고 부르는 것이다.'
이 말에도 역시 동의할 것이다. 위의 진술들로부터 나는 이렇게 결론을 내릴 수 있다.
'당신을 당나귀라고 부르는 것은 진실을 말하는 것이다.'

이 말이 진실이 아니라는데 대해서는 모호한 생각을 갖게 된다. 만약 이 결론이 잘못된 것이라고 확신하기를 원한다면, 그것이 왜 잘못된 것인지를 보여줄 수 있어야 한다. 논리학 공부는 어디에 오류가 있는지를 알아볼 수 있게 해준다. 당신은 모호한 생각들에 지배되어서는 안 되며, 그렇게 하지 않는다면 당신은 지적으로 다른 사람들에게 휘둘리게 된다.

논리학 공부에서 용어들은 분류되고 구별되며, 추론을 하기 전에 어느 용어의 의미에 대한 명확한 정의를 알고 있는 것이 중요하다.

앞서 설명했듯이 많은 용어들이 모호하게 해석되며 여러 가지 다른 것의 의미하기도 한다. 예를 들어 '계산서(bill: 어음, 지폐, 법안, 조서)' '교회(church:예배, 신도들, 성직, 교파)' '사악한(evil)' '가치(value)' '사회적 정의(social justice)' 등이 그렇다. 여기에서 명확한 개념의 중요성이 드러나게 된다.

파스칼은 논리적 방법론의 핵심을 이렇게 설명했다.
"모든 것을 정의하고 모든 것을 증명하라."

다른 말로 하자면, 어떤 용어에 대해 정의를 내리고 그것의 의미를 명확하게 이해할 때까지는 그 용어에 대해 생각하려 하지 말라는 것이다. 또한 모든 진술을 최종적으로 그리고 확실하게 받아들이기 전에는 그것들의 증명에 매달려야 한다는 것이다. 비록 시간이 부족해서 때로는 어떤 결론을 임시적으로나 잠정적으로 인정하거나 형성할 수밖에 없을 수도 있다.

비록 전제에 사용된 용어들을 이해하지 못한다 해도 진술된 전제로부터 올바른 결론을 이끌어낼 수도 있다. 예를 들자면, 내가 '셀레늄은 2가(二價) 원소다' 그리고 '2가 원소는 수소 2당량(當量)을 대체할 수 있다'고 한다면, '셀레늄은 수소 2당량(當量)을 대체할 수 있다'는 결론을 정확하게 이끌어낼 수 있다. 하지만 전제 속에 사용된 용어의 의미를 이해하지 못한다면 그 결론이 정확한 것인지 알 수 없으므로 두 가지 전제들의 정확성에 대해서도 확신할 수 없게 된다.

그러므로 학생은 논리학의 체계적인 교육과정을 이수하거나, 스스로 윌리엄 제번스의《기초적인 논리학 수업》이거나 존 스튜어트 밀(John S. Mill: 19세기초 영국의 철학자)의《논리학》을 주의 깊게 공부해야 한다.(2-3)

2. 한 가지 일을 다양한 방식으로 설명한다.

한 가지 일을 다양한 방법으로 또는 다양한 관점으로 설명하는 법을 배운다. 거의 모든 것들을 다양한 관점으로 바라볼 수 있으며, 진실은 서로 다른 방식으로 서술될 수도 있으며, 다양한 관점으로부터 무척이나 다양하게 나타낼 수도 있다. 학생은 이런 것들을 연습해야 한다. 즉, 먼저 수학적인 관점에서 하나의 원칙을 설명하고 나서 수학자가 아닌 사람도 이해할 수 있는 쉬운 비전문적인 언어로 설명하는 것이다.

전문적인 문제들을 쉬운 비전문적인 언어로 설명하는 습관을 지속적으로 연습해야 한다. 버클리 주교가 주장했듯이, 우리는 "학자답게 생각하고 대중의 언어로 말해야 한다."

어떤 명제를 명확하게 이해했다면 비록 명쾌하고 세련된 언어는 아닐지라도 모호하지 않은 명확한 언어로 말할 수 있게 된다.

학생들은 흔히 이렇게 말한다. '그걸 이해는 했는데 설명할 수가 없어요.' 그런 학생은 스스로를 속이는 것이다. 그는 이해하지 못한 것이다. 만약 완벽하게 이해했다면, 그것을 모호하지 않고 명확하게 설명할 수 있을 것이며, 그래서 다른 사람들도 그의 말을 이해하게 되는 것이다.

이런 이유로 빈틈없는 관찰자는 몇분 간의 대화를 통해 상대방의 정신적인 능력을 알아차릴 수 있다. 부정확하거나 부주의한 사고는 그 사람의 말 속에서 분명하게 드러난다.

3. 한 가지 일을 긍정적으로나 부정적으로 설명한다

어떤 일에 대해 긍정적인 설명은 물론 부정적인 설명도 해
본다. 말하자면, 있는 그대로뿐만이 아니라 비록 완전하지는
못하더라도 그 반대의 뜻으로도 말해보는 것이다. 어떤 결과
혹은 원리에 이르렀을 때 그것을 참으로만 보는 것 외에도 그
것의 '반대'는 얼마나 '거짓'인가를 보는 것이 필수적이다.

만약 어떤 일에 대해 그 어떤 관점으로든 알아차리고, 설명
할 수 있으며, 특별히 위급한 경우에 어울리는 언어로 설명할
수 있으며, 다른 어떤 일이 거짓인 이유를 알지 못한다면 그것
에 대해 제대로 이해한 것이 아니다.

아리스토텔레스는 이렇게 말한다.

"우리는 진실뿐만이 아니라 거짓된 진술의 원인도 설명할 수 있어야만 한다. 이것이 우리들이 갖는 믿음의 한 가지 요소이다. 진실하지 않은 진술이 진실인 것처럼 보이는 이유가 분명하게 밝혀질 때, 진실에 대한 우리의 믿음은 확립된다."

다시 말해, 우리는 추론의 결과이거나 견해의 설명과 같은 모든 진술을 분석해야만 한다. 그것에 반대되는 반론이 있다면 그것을 알고 있어야만 어떤 것이 진실이며 그것이 왜 진실인지를 확신할 수 있게 된다.

변호사들은 이러한 과정에 대한 훈련이 잘 되어 있다. 만약 그가 반대편의 변호를 맡았다면, 자신의 논거를 만드는데 있어 어떤 반론을 펼칠 것인지를 찾아내기 위해 상대방의 반론들을 면밀하게 검토해야만 하기 때문이다.

하지만 변호사들이 언제나 진실의 발견에 스스로를 한정시키지는 않는다. 종종 상대편을 논박하기 위해 불합리하지만 그럴 듯한 논쟁점을 발견하거나 이끌어내기 위해 노력하곤 한다. 능숙한 논증 솜씨로 종종 교묘하게 '잘못된 논리를 더 나은 것처럼 보이도록' 만들기도 하는 것이다.

이와는 반대로 수학을 공부하는 학생은 증거를 따져보거나 어떤 주장에 대한 반론을 찾아내는 연습을 자주 하지 않게 된다. 고정되어 있으며 의문의 여지가 없는 원리들을 다루기 때문이다.

파머(George H. Palmer: 미국 하버드 대학 교수)는 자신의 책《자유의 문제》에서 이렇게 말한다.

"우리는 어떤 생각에 대한 모든 반론을 이해할 때까지 그 생각을 이해하지 못한다. 게다가 그런 반론들을 믿는 사람이 펼치는 주장을 듣기 전까지는 그러한 반론들이 지닌 충분한 설득력도 체감할 수 없다."

이러한 것이 분명 변호사가 사전에 준비하려고 노력하는 일이며, 법정에서 그는 반론들을 굳게 믿고 있는 것으로 보이는 사람이 자신과 배심원에게 제시할 그 반론들을 일목요연하게 알고 있다고 확신해야 하는 것이다.

4. 적절한 단어나 구절의 필요성에 대한 관찰

어떤 문장을 공부하면서 어떤 단어가 꼭 필요한 것인지 그리고 생략해도 될 불필요한 단어들은 없는지를 잘 살펴본다. 예를 들어, 다음과 같은 문장이 있다.

'어떤 물체에 힘이 가해졌을 때 그리고 그 힘이 작용하는 지점이 그 힘이 작용하는 진로의 방향으로 움직인다면 그 힘은 그 물체에 작용하고 있다고 말한다.'

'그 힘이 작용하는 진로의 방향'이라는 수식 어구의 필요성과 중요성은 무엇일까? 이 단어들은 필요할까? 그렇지 않다면 생략해도 되는 것은 아닐까?

문장을 부정확하게 만들지 않으면서 사용된 단어를 대체할수 있는 다른 단어가 있는지에 주의해야 한다. 또는 그런 변화가 그 문장을 개선하고 보다 정확하게 만들게 될 것인지도 확인한다. 예를 들어, '물질은 공간을 차지할 수 있는 것이다'라는 정의에서 '차지할 수 있는'을 '차지하는'으로 대체하는 것이 적절하지는 않을까?

의도한 의미를 전달하기 위해 어떤 단어나 구절은 강조되어야 한다는 것에 주목해야 한다. '당신의 이웃들에게 불리한 거짓 증언을 퍼뜨려는 안 된다'라는 문장은 강조되는 단어에 따라 전혀 다른 의미들로 전달될 수도 있다.

학생들은 종종 균형 감각이 부족하고 명확한 개념을 갖추지 못하고 있는 것으로 보인다. 수식하는 단어들이나 구절들의 의미와 필요성을 알아차리지 못하기 때문이며 또는 강조가 어느 곳에 주어져야만 하는지를 이해하지 못하기 때문이다.

5. 심사숙고와 설명 그리고 적용

읽은 것을 곰곰이 생각해본다. 즉, 다른 책으로 넘어가기 전에 도달한 결론을 실례를 들어 설명해보고 적용해본다. (2-4) 책에서 제시된 것과는 전혀 다른 경우들에 적용해보고 얼마나 일반적으로 적용 가능한지를 살펴본다. 관념적인 상태로 남겨두고 넘어가서는 안 된다. 당신이 읽었던 것을 이해했는지의 여부에 대한 확실한 평가기준이 있다면, 적용할 수 있는 능력, 특히 그 책에서 활용되었던 것과는 전혀 다른 경우들에 적용해보는 능력이다.

명확하게 실례를 들어 설명하고 적용해보지 않은 추상적인 개념이나 결론은 소화되지 않은 음식물과 같다. 제대로 흡수되지 않은 것이며 머지않아 제 기능을 못하게 된다.

실례를 들어 설명할 때는 시간이 허용하는 한 연필과 종이를 이용하여, 필요하다면 적절한 곳에는 개략적인 밑그림을 그리고, 저자가 사용했던 것과는 전혀 다른 언어로 설명을 작성해본다. 각각의 단어와 최선의 표현 방법을 연구해보고, 간결하게 작성하고 정확한 의미에 불필요한 모든 것을 생략하는 연습을 해본다. 헌돈은 자신의 책《링컨의 일생》에서 그 위대한 인물에 대해 이렇게 말한다.

"그는 주요한 문제를 명확하게 판단하고 그것을 진실하고 강력하게 표현하기 위해 연구했다. 나는 그가 한 가지 생각을 표현하기 위해 최선의 방법 세 가지를 놓고 몇 시간 동안 연구한다는 것을 알고 있다."

이러한 종류의 연습은 필연적으로 한 가지 주제에 대한 완전한 이해로 이어진다.

이러한 원칙들은 몇 가지의 방정식으로부터 일정한 수의 미지수를 발견할 수 있는 대수학적인 조건들에 대한 공부를 되짚

어보는 것으로 설명될 수 있다.

학생은 필시 '독립적인 방정식의 수는 미지수의 수와 동일해야만 한다'는 진술에 표현된 필요조건을 발견하게 될 것이다. 그런데 이러한 진술은 대부분의 학생들의 머릿속에 중요하거나 명확한 인상으로 남지 않는다. 그들은 이것의 의미를 정확하게 이해하지 못하며 쉽사리 잘못 적용하는 함정에 빠질 수 있다. 그것을 연구하기 위해 학생들은 진술에 사용된 각 단어의 의미와 모든 단어가 필요한지를 자문해보아야만 한다.

- '독립적인'이라는 단어는 생략할 수 있을까? 그럴 수 없다면 왜 그런 것일까?
- 이런 전후의 관계에서 이 단어가 실질적으로 의미하는 것은 무엇일까?
- 각각의 방정식이 모두 미지수를 포함해야만 하는 것일까?
- 이 방정식들의 일부는 미지수를 전혀 포함하지 않을 수도 있을까?
- 만약 미지수보다 방정식이 적다면 문제의 조건은 어떻게 될까?
- 만약 미지수보다 방정식이 더 많다면 어떻게 될까?

이 문제 역시 다른 용어로 해석해보는 작업의 장점을 보여주는 좋은 실례가 되기도 한다. 예를 들어, 어찌 되었든 방정식이란 무엇일까? 방정식은 단순히 기호들이 포함되어 있는 문자들의 조합인 것일까? 학생은 방정식이 단순히 문자들로 제시된 용어들이 일정한 사실의 진술을 표현하는 것이며, 실질적으로 이해할 수 있는 문장이라는 것을 해석하고 인식해야만 한다. 하나의 방정식은 무엇인가를 말해준다. 수학적이지 않은 통상적인 언어로 방정식을 설명해보도록 해보자.

일괄적으로 생각해보면 방정식의 일정한 조합은 방정식에 사용된 용어와는 전혀 관계없이 진술된 어떤 한 가지 사실이거나 결론을 표현할 수 있다. 그래서 역학에서 $\Sigma H = 0$, $\Sigma V = 0$, $\Sigma M = 0$이라는 세 가지 방정식은 일정한 일련의 힘들이 평형을 이루고 있다고 일괄적으로 말하고 있는 것이다.

이것들은 단순한 사실에 대한 수학적인 진술인 것이다. 만약 이 방정식들이 조건에 맞는다면 힘들은 평형을 이루고 있는 것이며, 조건에 맞지 않다면 힘들은 평형을 이루지 못하고 있는 것이다.

조금 더 나아가서, 만약 어느 한 방정식이 표현하는 사실을 다른 방정식들이 표현하지 않고 있으며, 다른 방정식들에서 표현된 사실들로부터 그 사실이 추론될 수 없다면 그 방정식은 다른 방정식들과 관계가 없다는 것을 비수학적인 언어로 이해해야만 한다.

평범한 일상적인 언어로 해석하는 작업의 이점은 또 다른 수학적인 실례에서 살펴볼 수 있다.

대수학을 공부하는 학생들은 모두 이항(二項) 정리 또는 두 항의 대수합의 거듭제곱을 전개하는 법을 배운다. 하지만 그것을 깊게 생각하고, 실례를 들어 설명하거나 일상생활에서 적용하는 법은 모른다. 그리고 만약 21의 제곱에 대한 답을 요구받게 되면 연필과 종이 없이 암산만으로는 즉시 대답할 수 없다는 것을 알게 된다. 이항 정리를 완전하게 이해한 학생이라면 누구든 21이거나 21.5 또는 그와 비슷한 어떤 수의 제곱을 즉시 말할 수 있다. 연습과 성찰을 통해 깜짝 놀랄만하게 보이는 결과들을 얻어낼 수 있다.

6. 능동적인 정신을 유지한다

    학생은 능동적이며 깨어 있는 정신을 유지해야 한다. 그저 자리에 앉아 책을 들여다보면서 어떤 아이디어들이 생길 것을 기대하지 말고 적극적으로 정신을 활용해야 한다. 공부는 꿈처럼 어렴풋한 것이 아니라 능동적이며 지적인 행위이다. 그렇다고 해서 급하게 서두르는 방법을 연습하라는 의미는 아니다.

    그와는 반대로 어쩌면 어느 정도는 꿈꾸는 듯하다고 불릴 수 있는 사색이 종종 생각들을 명료하게 만들고 구체화시키며 균형을 이루게 하는 시간과 기회를 제공하곤 한다. 우리는 우리가 읽었던 것에 대한 격렬한 정신적 활동 없이 상대적으로 여유로운 명상을 즐기는 시간에 많은 것들을 배우곤 한다. 그러한 명상은 매우 중요한 가치가 있지만 어떤 시인이 말하는 것과 같은 정신적인 게으름과는 전혀 다른 것이다.

"그렇게 게으른 방심 속에
상상력은 휴식을 취하고
쉬다가 다시 깨어난다."
−윌리엄 쿠퍼(18세기 낭만파 시인들에게 영향을 끼친 영국의 시인)

이것은 적당한 범위 내에서 이로운 것이다. 하지만 이것은 휴식이지 공부는 아니다.

7. 다양한 의견들의 원인에 대한 연구

어떤 주제에 대한 다양한 의견들을 마주치게 되었을 때, 지적인 사람들을 서로 다른 결론에 이르도록 이끌었을 이유들에 대해 생각해본다. 그 이유에는 다음과 같은 것들이 있다.

(1) 어느 한 사람 또는 두 사람 모두 적절한 사실들 또는 문제 자체마저 전혀 이해하지 못했거나, 지극히 잘못된 사실들 또는 원칙들을 진실한 것으로 생각한 것일 수도 있다. 이러한 경우는 쉽게 확인해볼 수 있다.

(2) 어느 한 사람 또는 두 사람 모두 정확한 전제들로부터 틀리게 추론했을 수도 있다. 이것 또한 쉽게 밝혀낼 수 있다.

(3) 어느 한 사람 또는 두 사람 모두 사실들을 균형 있게 살펴보지 못해서, 올바른 정신적 균형 상태를 이루지 못하거나 상관관계의 파악이 부족할 수 있다.

(4) 어느 한 사람 또는 두 사람 모두 타고난 완고함이나 둔감함을 보여주는 것일 수도 있다.

학생이 뒤의 두 가지 경우를 발견할 수 있는 것은 그의 정신적인 특성에 좌우될 것이다. 하지만 많은 문제들에서 확고하게 입증이 가능한 결론이 없으며, 그 결과는 어느 정도 견해의 문제로 남게 된다는 것을 잊어서는 안 된다.

8. 단순한 주장과 증명의 구별

어떤 진술이 곧 증명은 아니라는 것을 기억해야 한다. 많은 학생들이 단순히 어떤 진술을 다른 단어들로 반복했다는 것으로 그 진술을 증명한 것으로 생각한다. 그 진술의 논리적인 논증의 단계들을 확인할 수 없다면 어떤 결론을 이해한 것이 아니다.

대단히 많은 학생들이 이러한 오류를 범하는 것은 매우 놀라운 일이다. 예를 들어, 만약 내가 유리를 통해 볼 수 있는 이유에 대한 질문을 받고 유리가 투명하기 때문이라고 대답한다면, 그 이유는 전혀 밝히지 않은 것이다.

투명하다는 것은 관통해서 볼 수 있다는 의미이기 때문에, 나는 단순하게 유리를 통해 볼 수 있기 때문에 유리를 통해 본다고 대답하고 있는 것이다. 이와 똑같은 오류는 논쟁이거나 삼단논법에서도 종종 발생한다. 예를 들어 내가 다음과 같은 진술을 했다고 가정하자.

'운동선수답지 않은 행위를 해서는 안 된다.
스미스의 행위는 운동선수답지 않은 것이다.
그러므로 스미스의 행위는 해서는 안 되는 것이었다.'

자, 이것 자체는 올바른 추론이 아니다. '운동선수답지 않다'는 표현은 아무런 꾸밈없이 운동선수라면 해서는 안 된다는 것을 의미하기 때문이다. 그러므로 이 결론은 단순히 두 번째 진술을 반복하는 것일 뿐이다. 이런 경우에 실제로 입증되어야 하는 것은 스미스의 행위가 운동선수답지 않은 것인지의 여부이다.

2-1) 막연한 생각과 과도한 자부심은 언제나 끔찍한 불행을 일으키기 마련이다.(괴테)

2-2) 네게 진지하고 권위 있게 말하자면(이렇게 말하는 내가 옳다는 걸 난 알고 있지), 온 신경을 집중해 단어들을 생각해보는 습관을 가져야만 하며, 그 단어들의 음절 하나하나뿐만 아니라 글자 하나하나의 의미를 확인해야만 한단다.(러스킨,《참깨와 백합》)

2-3) 조지 베이커와 헨리 헌팅턴의《논증의 원리》도 형식논리학을 다루지는 않고 논문이나 논증을 준비하는데 적용되어야 할 일반적인 원리들, 입증의 원리들 그리고 추론에서 범하는 논리적 오류에 대해 논의하는 훌륭한 책이다. 이 책을 독자들에게 권한다. 이 책은 하버드 대학에서 영어 강좌에서 활용되었으며, 다른 대학들에서도 이와 비슷한 책들을 활용하고 있다. 좋은 선생님에게 어학 훈련을 충분하게 받는 것은 훌륭한 논리학 훈련이 된다. 명확하고 논리적인 글쓰기에는 명확하고 논리적인 생각이 필요하기 때문이다. 그럼에도 불구하고 저자는 형식 논리학도 공부할 것을 강력히 권한다.

2-4) "아는 것만으로는 충분하지 않으며, 응용도 해야만 한다. 의도하는 것만으로는 충분하지 않으며, 실행도 해야만 한다."(괴테)

제3장

체계적인 공부

SYSTEM

1. 근본적인 생각에 대한 이해의 중요성

  그 주제의 근본적인 생각을 발견해야 한다. 세부사항은 내려놓고 문제의 뿌리로 내려가야 한다. 가장 중요한 문제점을 보아야 한다. 이 과정이 명확하게 이해되고 터득되고 나서 세부사항들을 근본적인 것들과의 관계 속에 배치해야 한다.

  주제는 그렇게 해서 골격이 되는 것이며 그 골격 위에 세부사항들이 놓이게 되는 것이다. 그래서 공부라는 주제는 단단한 골격 또는 하부구조와 그것으로 지탱되는 다양한 장기들과 팔 다리가 있는 인간의 몸과 비교되기도 한다. 그래서 본질적인 것들을 걸러내기 위해 사실들의 상대적인 중요성을 따져보는 것은 정신적인 판별 능력을 훈련하는 것이며 판단력을 계발하는 것이다.

이것이 이루어지고 나면 주제와 관련된 부수적인 사실들을 이미 알려진 것들과 서로 연관시킬 수 있으며, 이러한 방식으로 쉽게 기억 속에 간직될 것이다.

"중요한 것을 빈틈없이 배우고 나머지는 그것에 의지하라."는 자코토의 금언을 기억하고 지켜야 한다.

필수적이지 않은 사실들이거나 부차적인 중요성을 갖는 것들은 첫 번째 독서에서는 지나치거나 두 번째나 그 후의 독서로 남겨두어 된다. 올바른 공부 방법에는 '언제나 다시 읽기가 포함되어' 있으며 때로는 여러 번 읽어야 하기 때문이다.

어느 단일한 주제일지라도 모든 것을 다 알 수는 없으므로, 그 주제에 대한 근본적인 것들을 아는 것 그리고 철저하게 아는 것의 중요성을 모를 수도 있다. 비록 어느 주제에 대한 기초적인 지식만을 얻었다 해도, 그 지식이 충분한 것일 수도 있고 근본적인 내용들을 포함한 것일 수도 있다.

충분한 기초지식을 겉핥기식 지식과 혼동해서는 안 된다. 겉핥기식 지식은 쓸모없는 지식보다 더 나쁜 것이며, 모호하고 불확실하다는 특징이 있어서 근본적인 것을 이해하지 못하게 만든다. 하지만 분명하고 확실한 것이라면 기초적인 지식은 귀중한 것이며 보다 더 완벽한 지식으로 향하는 첫걸음이 된다.

많은 학생들이 어떤 주제에 대해 피상적이며 모호한 지식을 갖고 있으면서도 단지 그것을 조사해보았다는 이유로 중요한 것을 알고 있다고 오해하고 있다.

근본적인 원리나 사실을 인식하게 되면 완전히 터득하게 될 때까지 면밀하게 연구해야 한다. 그래서 올바르게 공부하는 법을 알고 있는 사람은 그 주제의 핵심을 담고 있는 문장이거나 항목을 - 근본적인 사실이거나 원리 - 골라내 완전한 의미를 명확하게 이해하게 될 때까지 여러 번에 걸쳐 다시 읽는다.

이러한 과정을 마치고 나면 때로는 나머지 내용이나 주제를 대단히 빠르게 익힐 수 있게 된다. 일단 근본적인 내용을 명확하게 이해하고 있으면 나머지 내용들은 그것에 대한 검토이거나 예증으로 이루어져 있다는 것을 알게 되기 때문이다. 하지만 학생들은 일반적으로 이러한 과정을 따르지 않는다.

근본적인 원리를 이해하지 못하면 각각의 예증이 따로따로 공부해야 하는 서로 다른 별개의 문제인 것처럼 보이게 되며, 기초가 되는 근본적인 원리가 이해되지 않기 때문에 완벽하게 터득할 수 없게 된다.

2. 생각을 미리 정리한다

어떤 주제를 공부하기 전에, 그 주제에 대해 주의 깊게 검토해보고 이미 알고 있는 것이나 자신만의 노력으로 도달할 수 있는 것을 찾아내보자. 또한 그 주제에 대한 공부로부터 얻어낼 수 있다고 기대하는 것이 무엇인지, 이미 공부했던 것과는 어떻게 연관되는지 그리고 어떻게 실용성을 찾을 수 있을 것인지를 파악해보도록 한다.(3-1)

역사학자인 에드워드 기번(Edward Gibbon 1737~1794)은 자신의 자서전에서 어떤 책을 읽기 전에 주제에 대해 생각해보고, 그 주제에 대해 이미 알고 있는 것을 정리하고 분류해보는 것을 하나의 규칙으로 삼아야 한다고 했다.

이 방법은 주제에 따라 다양한 강도로 진행될 수 있다. 한번도 공부해보지 않았던 새로운 학문을 공부하기 시작했다면 상대적으로 약하게 진행해도 되겠지만 적어도 그 주제 또는 문제가 무엇이며, 그것의 범위, 목표와 방법은 어떤 것인지, 다른 주제들과는 어떻게 연결되는지, 활용법은 무엇인지 그리고 다른 공부들을 여기에 어떻게 활용할 수 있을지 등에 대한 명확한 생각을 갖도록 해야 한다.

3. 분류와 정리

    배운 것을 분류하고 정리하자. 어떤 주제의 일부분을 끝냈다면 잠시 멈추고 지금까지 알게 된 것을 생각해보고 다양한 논점들을 정리해본다. 개괄적인 색인을 작성해 목차와 비교해본다. 사실들의 상호 관계와 상호 의존성에 주목하고 그것들을 서로 연결시켜본다.

    연상의 원리에 의해 사실과 원리들에 대한 기억은 훨씬 더 손쉽게 이루어지게 된다. 자신만의 언어로 논의의 단계들을 세밀하게 기록해두고 결론이 옳게 내려졌는지 확인한다. 시시 때때로 책을 덮고 지금까지 배운 것을 머리 속으로 다시 점검해본다.

  체계적으로 분류하는 것은 대단히 중요하다. 많은 학생들
의 정신은 정리가 되지 않거나 색인 목록이 없는 도서관과 같
아서, 책들은 있지만 원할 때 찾을 수 없기 때문에 활용이라는
면에서는 아무런 가치도 없다.(3-2)

3-1) "우리는 어떤 것을 제대로 배우는 최선의 방법을 가르치며, 배운 다음에는 반드시 실천해야 한다는 아리스토텔레스의 원칙을 신중하게 지켜야만 한다. 그 원칙은 언제나 배우는 사람이면서 동시에 실천하는 사람이 되어야 한다는 것이다." (리차드 멀캐스터)

3-2) "머릿속에 온갖 사실들을 한가득 담아놓고 모두 뒤섞어 전달하는 것과, 그와 똑같은 사실들을 적절하게 분류해 다루기 쉽고 즉시 전달할 수 있도록 하는 것 사이에는 엄청난 차이가 있다."(로리머, 《자수성가한 상인이 대학생 아들에게 보내는 편지》)

제4장

정신적인 주도권

MENTAL INITIATIVE

앞서 이야기한 것들로부터 올바른 공부에 필수적인 네 번째 요소는 정신적인 주도권이라는 것이 분명해진다. 학생들은 명확한 목표가 있어야 하며 자신에게 제시되는 것이 없어도 올바른 일을 해야만 한다. 단순히 남이 말해주는 것을 해서는 안 된다. 만약 주도권을 갖추지 않고 익히지 못한다면 영리하게 공부할 수 없을 것이며, 자신이 읽은 것을 완벽하게 이해하지도 못한 채 단순히 기억만 하게 될 것이다.

기억력은 대단히 중요한 능력이지만, 생각을 대체하는 것은 아니며 단지 기초가 되어야 하는 것이다. 기억해야 할 것을 결정하려면 반드시 생각을 해야 한다.

하지만 기억은 종종 공부에 있어 유일한 요소이기도 하다. 근본적인 원리들은 빈번히 기억되어야 하며, 그렇게 수없이 반복해서 기억하게 되면 의식 속에 영속적으로 각인될 것이며, 그것들이 적용되어야 할 구체적인 경우에 길잡이로서 있는 그대로 반복할 수 있게 된다.

정신적인 주도권의 활용과 계발에 관한 다음과 같은 몇 가지 제안들이 유용할 것이다.

1. 공부하고 있는 주제에 대한 관심

현재 공부하고 있는 것에 대한 관심과 그것이 이끌어낼 견해들을 계발한다. 자신이 공부하고 있는 것에 관심이 없다면 피상적인 공부가 될 것이며 아무런 도움도 되지 않을 것이다. 공부하는 동안에는 이 세상에서 가장 중요한 것을 공부하는 중이라고 스스로가 믿어야 한다. 당연하게도 대부분의 학생들은 학교에서 정해놓은 교육과정에 따라 일정한 과목들을 공부해야 한다.

그 과목들 중의 일부에는 관심이 없을 수도 있다. 실제로 학생의 타고난 성향에 전혀 맞지 않는 과목이라면 관심을 갖지 못할 수도 있다. 그런 경우에는 그 과목을 공부하는 것이 그 학생에게는 아무런 가치도 없는 일이 되고 만다. 학생이 기대하는 목표에 필요하거나 바람직하다고 그 교육과정을 규정한 사람들의 판단에 의존해야겠지만, 자신에게 유용하다고 납득할 수 없거나 관심을 가질 수 없다면 비록 학교 내에서 청강생이 되거나 학위를 잃게 된다 해도 어쩌면 그 과정을 포기하는 것이 더 나을 수도 있다.

교과과정에 포함되어 있는 상당수의 과목을 이해하지도 못하고 흥미도 느끼지 못한 채 공부하여, 그저 되는 대로 얻게 된 학위라면 가지고 있을 만한 가치도 없는 '종잇조각'일 뿐이다.

만약 적극적인 관심을 갖고 있는 일정한 과목들에 모든 관심을 집중하기를 원한다면 그 과목들에는 숙달될 수도 있지만 매우 편협한 사람이 될 수도 있다. 또한 박식한 사람들이 필수적이라고 여기는 다른 과목들의 학습으로부터 얻게 될 다방면에 걸친 견해가 대단히 부족한 사람이 될 수도 있다.

2. 중요한 주제에 대한 명확한 설명

어떤 문제가 주어진다면, 우선 그 문제를 명확하게 표현해야 한다. 많은 학생들이 사실상 자신들이 무엇을 공부하고 있는지를 모르는 것은, 명확한 개념 형성의 필수적인 결과인 이 권고를 무시하기 때문이다.

제아무리 시간이 많이 걸린다 해도, 명확하게 표현되기 전까지는 문제를 풀기 위한 노력을 진행해서는 안 된다. 명확한 것이든 아니든 그 문제에 대한 정보와 요구되는 것은 무엇인지를 알아야 한다. 또한 그 정보의 변화가 명확하지 않다면 결과에 얼마나 큰 영향을 끼칠지에 대해서도 알아야 한다.

3. 독립적으로 공부한다

자신의 어려움을 스스로 해결하고 그것을 기꺼이 받아들여야 한다. 어떤 일들은 쉬울 것이라고 예상해서는 안 된다. 남의 설명을 듣는 것으로는 절대 자신의 능력을 기를 수 없으며, 타인의 도움 없이 오직 자신의 연습만으로 능력을 갖출 수 있게 된다. 그러므로 가능한 한 모든 일을 스스로 해야 한다.

추론해낼 수 없는 단순한 사실의 문제와 관련된 것 외에는 도움이 필요하다면 선생님으로부터 오직 '제안'만을 구하도록 하고, 그 제안들도 가능한 한 최소한이 되도록 해야 한다.

만약 어떤 문제가 주어졌다면, 비록 실수를 저지른다 해도 전적으로 스스로 풀어야 한다. 그 후에 그 실수들이 밝혀진다면 최대한의 주의를 기울여 생각해보고 원인들을 발견하고 그것들을 수정해야 한다. 그렇게 해야 그와 똑같거나 유사한 실수를 다시 범하지 않게 된다. 자신의 능력을 시험해보고 실력을 증진시킬 기회를 스스로 제공하여 미래의 오류들을 피하게 해주는 여러 가지 어려움들을 즐겨야 한다.

마찬가지로 시험을 두려워하지 말고 즐겁게 맞이해야 한다. 선생은 학생의 한계를 정하지 않는다. 학생 스스로 자신의 한계를 정하는 것이다. 선생은 단순히 그의 점수를 기록하는 것일 뿐이다. 비록 시험을 통과하지 못한다 해도 그것은 자신에게 부족한 점을 알려주는 것이므로 도움이 된다.

실제로 간신히 합격하는 것보다 실패하는 것이 더 낫다. 괴테는 "행운의 미덕이라면 우리의 결함을 바로잡고 잘못을 보상해준다는 것이다." 라고 했다. 어딘가에 경계선이 있는 것일 뿐이며, 그 경계선 바로 위에 있는 사람이 합격하고 그 경계선 바로 아래 있는 사람이 떨어지는 것이다. 불합격한 사람보다 더 실력이 없을 수도 있는 사람이 합격했다면 그는 잘못들을 수정할 수 없다. 반면에 불합격한 사람은 자신의 잘못을 고치도록 요구받게 된다. 헉슬리는 '틀리지 않는 것 다음으로 가장 좋은 것은 완벽하게 그리고 유익하게 틀리는 것'이라고 했다

4. 자신만의 결론을 이끌어낸다

가능하다면 언제나, 자신이 공부하고 있는 저자의 결론을 알기 전에 자신만의 결론을 이끌어낸다.

'이상으로부터 이것은 분명하다'라는 글을 읽을 때, 멈추고 책을 덮고 난 다음 스스로가 무엇이 분명한지 말할 수 있는지를 알아본다. 그것을 글로 옮겨보고 저자가 이끌어낸 결론과 비교해 본다. 어떤 형태로든 그러한 결론들이 나타날 때마다 이런 연습을 해본다.

만약 본질적으로나 그 성격에 있어 자신의 결론이 저자의 결론과 다르다면, 어떤 것이 옳은지 또는 둘 다 옳은지를 살펴본다. 만약 자신의 결론이 옳다면 저자가 그런 결론에 도달하지 못한 이유는 무엇일까? 저자가 자신의 문제를 적절하게 다루지 못한 것 때문일까? 단순히 표현의 차이인 것일까?

어떤 주제에서든 연구하는 과정은 질문과 대답의 과정이다. 학생은 먼저 자기 자신에게 질문을 해봐야 하며, 또한 그것은 올바른 질문이어야 한다. 그 상황에서 어떤 것이 적절한 질문일지를 알 수 있어야 하는 것이다. 그 후에 가능한 모든 대답들 중에서 가장 적절한 대답을 스스로 제시해야 한다. 다시 말해, 또 다른 질문에 유리한 근거를 새롭게 제공할 수 있는 올바른 대답이어야 한다. 그렇게 해서 문제는 점진적으로 해결될 수 있다.

반면에, 질문들이 명확하지 않다면 명확하지 않게 대답할 수밖에 없다. 하지만 모든 질문에는 하나의 정확한 대답이 주어질 수 있으며 학생은 그 문제에 맞는 가장 명확한 대답을 제시해야 한다. 그리고 자신의 대답을 적절하게 만들거나 피하기 어려운 방식으로 일어날 수 있는 문제들을 분류하는 능력을 갖춰야만 한다.

5. 독립적인 결론

만약 저자가 따랐던 과정을 보여주지 않았기 때문에 진술한 결론에 어떻게 도달했는지 알아차릴 수 없다면, 그가 어떻게 했는지 찾아내기 위해 너무 많은 시간을 낭비하지 않아야 한다. 하지만 오히려 자신만의 방식으로 결론에 도달할 수 있는지를 알아보는 것으로 자신만의 능력을 계발하고 저자를 따라가기보다 주도적이 되어야 한다.

좋은 교과서는 내용을 너무 명확하게 밝히지 않아야 하며, 그렇게 하지 않는다면 학생 스스로가 노력할 필요성을 갖지 않게 된다.

6. 일반화를 배운다

전제들로부터 가능한 가장 일반적인 결론을 이끌어낸다. 일반적인 원리를 세울 수 있는지 살펴보도록 한다. 이것은 갖춰야 할 가장 중요한 능력이다. 동시에 불충분한 자료를 근거로 널리 행해지는 성급한 일반화의 오류를 피하도록 한다.

7. 책을 뛰어넘어야 한다

읽고 있는 동안에는 책을 최종적인 수단이 아닌 자신의 능력을 보조해주는 수단으로 여겨야 한다. 시간이 있을 때마다 책 속의 주제를 더욱 더 깊게 파고드는 방법을 통해 독립적으로 사고할 수 있는 능력을 발달시킬 수 있다.

8. 결과를 그려본다

가능한 한 당신의 결과를 마음속에 그려본다. 구체적인 형태로 결과들을 파악해보고, 사실과 원리들의 적용을 가늠해보면서 상상력을 훈련시킨다. 공부의 목표는 활용이라는 것을 기억하고 자신이 얻은 것으로 만들어낼 수 있는 활용법을 알아보도록 한다.

우리는 지금까지 올바른 공부를 위한 네 가지 주요한 필요 요소들인 (1)정신적인 용기, (2)이해력, (3)체계, (4)주도권을 살펴보았다.

이러한 것들에 더해 (5)올바른 습관들과 작업 방법을 거론할 수 있을 것이다. 이것은 부수적이지만 중요한 몇 가지 제안들을 제시할 수 있을 것이다.

제5장

올바른 공부 습관과 방법

PROPER HABITS AND METHODS OF WORK

1. 책의 선택

자신의 목표를 위한 최선의 책을 선택하고 그것을 완전하게 공부한다. 자신의 목표를 위한 최선의 책은 교과과정에 좌우될 것이다. 만약 어떤 과목을 시작한다면 가장 완벽한 책으로 시작하지 말고 보다 기초적인 책을 선택해야 한다. 기초적인 지식은 피상적인 지식과 똑같은 것이 아니라 오히려 정반대라는 것을 기억해야 한다.

근본적인 기초 원리에 대한 지식은 모든 과목을 이해하는데 필수적인 것이다. 근본적인 원리는 제일 먼저 기초적인 책에서 얻어지게 되면서 골격 또는 구조를 형성하게 된다. 그 위에 그 과목의 보다 정교한 부분들이 적절한 위치에 놓이게 될 것이다. 광범위한 내용을 다루는 책은 초심자에게는 너무 많은 세부사항들을 제공하므로 한꺼번에 너무 많은 내용들에 집중하도록 만들어 쉽게 포기하게 될 것이다.

완벽하게 흡수한 기초적인 지식은 필수적인 것이다. 그러므로 생각하고, 판단하고, 이해하고, 시험하고, 식별하게 만드는 데 가장 좋은 기초적인 책으로 시작하라. 그리고 그 책으로부터 그 주제의 핵심을 파악해야 한다. 그리고 가능하다면, 보다 더 심도 있는 논문으로 넘어가겠다는 자극을 얻도록 한다.

2. 한번에 공부할 수 있는 적절한 주제

한꺼번에 너무 많은 주제들을 공부하지 않도록 해야 한다. 비록 어떤 한 가지 주제를 공부하고 있을 때에도 다른 모든 것들을 배제하고 한 가지에만 집중할 필요는 없다. 이미 설명했듯이 당분간은 그 주제에 모든 관심을 집중해야 하지만 한 가지 공부에서 다른 종류의 공부로 넘어가는 '관심의 전환'으로 기분전환을 할 수 있다. 말하자면, 너무 많은 주제들을 따라가느라 너무 성급하게 파고들다가 포기하고 다른 주제로 넘어가면서 자신의 능력을 분산시켜서는 안 된다는 것이다.

많은 것들을 시작하고 아무것도 완결시키지 못하는 습관은 가장 의욕을 떨어뜨리는 일이며 제대로 하는 것이 전혀 없는 결과로 이어진다. 적절하게 할 수 있는 것을 넘어서는 것은 시도하지 말아야 한다.

우선 자신에게 직접적으로 도움이 되는 주제들을 선택하고 그것들을 철저하게 공부해야 한다. 한번에 여러 시간을 들여 한 가지 주제에 관심을 집중시키는 능력을 늘려야 한다. 그런 후에 지치게 된다면 전혀 다른 주제로 전환하거나, 좋은 소설을 읽는 것 같은 기분전환을 할 수도 있다.

정신을 게으르게 만들 필요는 없지만 기분전환은 필요하다. 학생들이 효과적으로 동시에 공부할 수 있는 과목은 대개 3~5가지일 것이지만, 다른 일들에서도 그렇듯이 학생들 간의 차이는 매우 크다.

3. 서두르지 말라

생각할 시간을 충분히 가져야 한다. 그렇게 하면 책 속에 설명된 것들을 당연하게 받아들이지 않게 될 것이며, 공부하고 있는 것에 대한 지배력을 갖게 된다.

다른 일과 마찬가지로 공부에서도 '서두를수록 속도는 더 떨어진다'는 것을 기억해야 한다. 어쩌면 자신이 공부하는 것에 대해 생각해볼 충분한 시간이 없다고 생각할 수도 있다. 사실은, 그것들에 대해 생각하지 '않을' 시간이 없는 것이며, 만약 지속적으로 노력한다면 결국에는 보다 더 많은 것을 보다 더 적은 시간 내에 할 수 있게 된다.

4. 진지하게 공부하라

공부를 가볍게 받아들이지 말고, 시작했다면 타당한 이유 없이 포기해서는 안된다.

공부를 시작할 때 그 공부로부터 얻어낼 것이 무엇인가에 대한 명확한 생각을 갖추도록 해야 한다. 그리고 그 주제를 진 척시키면서 줄곧 생각하고 있어야 한다.

5. 적절하게 건너뛰기

적절한 판단으로 건너뛰는 능력을 길러야 한다. 만약 정통하겠다는 생각과 무엇을 얻어내고 싶은가에 대한 명확한 생각이 있다면 적절한 판단으로 건너뛰는 능력을 갖출 수 있다.

책 속에 있는 모든 단어들을 읽어야 할 필요는 없다. 때로는 어떤 문단과 페이지 그리고 어쩌면 어떤 장을 건너뛸 수도 있다. 하지만 이러한 과정이 부주의하거나 피상적인 독서의 습관으로 이어져서는 안 된다.

6. 체계적인 공부가 되어야 한다

각 과목을 공부하는 시간을 정해놓고, 균형 잡힌 계획표를 마련해야 한다. 어떻게 시작할 것인가를 생각하면서 자신의 시간을 찔끔찔끔 낭비하지 말고 단번에 시작할 수 있는 습관을 길러야 한다.

꾸준하게 지속적으로 공부에 집중하면서, 자신의 공부가 즉흥적인 노력들로 이루어지도록 해서는 안 된다. 한 가지 일을 한 번에 그리고 한 가지 과목에서 다음 과목으로 체계적으로 해나가면 결국에는 자신의 능력에 의해 연속으로 적용하는 기간 이후에는 휴식이나 오락을 즐기는 기간을 번갈아 가며 활용할 수 있게 된다.

연속적으로 공부하는 기간이 너무 짧아서 연속적인 노력을 방해하거나 너무 길어서 정신을 과로하게 만들어서도 안된다. 어떤 학생들은 침착하지 못하고 즉흥적이어서 지속적으로 공부하는 것처럼 보이지만 아무것도 이루지 못하곤 한다. 한결같이 지속적으로 노력하는 학생들은 충분한 성취를 이루어낸다.

7. 집중력의 계발

상당한 시간 동안 한 가지 일에 온 신경을 집중하는 끊임없는 실천으로 능력을 계발한다. 이것을 익힐 수 있게 된다면 가장 소중한 능력이 될 것이다.

흔히 말하기를 영리한 사람과 평범한 사람의 차이는 주로 집중력을 통해 정신을 관리하고 통제하는 능력의 차이라고 한다. 방심하거나 공상에 잠기면서, 한 가지 일에서 다른 일로 일관성 없이 옮겨 다니는 사람들이 있다. 반면에 목표를 향해 곧장 나아가는 사람들도 있다.

8. 배운 것의 응용

자신이 공부하고 있는 것을 응용해야 한다는 것을 기억해야 한다. 전적으로 책에만 의존하기보다 현장에서 이루어지는 실험에 의해 여러 가지 일들을 공부한다. 이런 방식으로 자신이 배운 것이 진정한 자신의 것이 된다. 책으로 배운 지식은 그 자체로는 지극히 가치가 떨어지는 것이다.

9. 무관심을 피하라

현재 자신이 하고 있는 일에 철저하게 관심을 가져야 한다. 무관심은 훌륭한 공부의 치명적인 경쟁상대이다. 모든 주제는 저마다의 어려움이 있으며 그런 어려움에 의기소침해지면 안 된다. 만약 어려움들을 극복하는 법을 배울 수 있다면, 그렇게 하는 것은 강렬한 지적인 만족감을 제공해줄 것이며 남의 도움 없이 자신만의 힘으로 극복한 어려움은 다음에 다가올 어려움을 더욱 강력하게 공략하도록 만들어줄 것이다.

10. 몇 권의 책을 통한 지식

　허버트 스펜서가 말하듯이, 몇 권의 책을 완전하게 아는 것이 많은 책을 피상적으로 아는 것보다 훨씬 더 좋다. 또한 스펜서는 자신이 다른 사람들만큼이나 많은 책을 읽었다면 그들만큼이나 아는 것이 없었을 것이라고도 했다.

　오래된 로마의 속담인 '충분하게 읽되 많은 책을 읽지는 말아라'를 기억하라. 작은 책을 철저히 익힌 후에 보다 큰 책을 읽게 된다면, 자신이 이미 그 큰 책을 얼마나 많이 알고 있는가를 발견하고 깜짝 놀라게 될 것이다. 그 후에는 관심을 새로운 내용에 쏟을 수 있게 되고 옛것과 연관지을 수 있게 된다.

11. 참고문헌 목록을 작성하라

공부를 해나가면서 참고문헌 목록을 작성한다. 배운 것을 요약하고 색인을 작성해본다. 자신이 모르는 것을 어디에서 찾을 수 있는지를 배우는 것이다. 어느 한 가지 주제에 대한 것일지라도 모든 것을 다 배울 수는 없으므로 그것을 알게 되는 차선의 방법은 그것을 어디에서 찾을 것인지 또는 스스로 어떻게 알아낼 것인지를 아는 것이다.

12. 자주 복습하는 것이 필요하다

복습은 다시 공부하는 것이 아니라 주요한 문제들을 빠르게 재검토하고, 그것들을 모두 올바른 관점에서 살펴보는 것이다. 만약 요약해놓았다면 도움이 될 것이다. 어떤 문제에 대한 설명을 작성해 놓으면 그것을 명확하게 이해하고 기억 속에 각인시키는데 도움이 된다.

랜던(Joseph Landon: 영국의 교육학자)은 이렇게 말한다.

"복습의 실천은 그 주제의 주요한 맥락을 기억 속에 유지시켜 준다. 지식의 생생함과 정확성을 보장해주며, 불완전하게 배운 것을 드러내 보여주고 문제점을 수정할 기회를 제공해준다. 기억력을 강화하고 축적되어 있는 지식을 되살려 몰두하는데 익숙해지도록 한다. 에너지의 낭비와 해로운 정신적인 습관이 형성되는 것을 막아준다. 그렇게 해서 그 주제를 완벽하게 흡수하도록 이끈다."

13. 기분전환을 위한 시간을 정한다

책을 통한 집중적인 공부에서 잠시 벗어나게 해줄 몇 가지 취미를 계발해야 한다. 음악, 카드놀이, 체스, 당구를 비롯한 오락은 정신 회복을 위한 훌륭한 수단이 된다.

기분전환 또는 기분전환을 위한 독서에 집중하는 동안에는 그동안 해왔던 공부에서 있었던 문제들에 대해서는 걱정하지 않도록 한다. 기분전환을 위한 독서는 그 자체로 일정한 목적이 있다. 스스로가 한쪽으로만 치우친 태도를 갖지 않도록 해야 하며 주력하고 있는 공부 외의 것에도 관심을 가져야 한다.

14. 운동이 필요하다

책에서 배우는 것을 머릿속에 채워 넣는 것보다 건강을 유지하는 것이 주요한 목적이 되어야 한다는 것을 기억하라. 공부가 야외에서 하는 충분한 운동을 방해하도록 해서는 안 되지만, 신체적으로 심하게 피곤해질 정도로 해서는 안 된다. 건강한 몸은 정신력을 최대한 계발하는데 필수적이지만, 반면에 몸이 피곤할 때는 정신이 제대로 작동하지 않게 된다. 더 나아가, 자신의 공부가 공기, 빛, 태양 등의 적절한 조건들 속에서 이루어지고 있는지 살펴보아야 하며, 안락한 의자를 갖추어야 하지만 졸음이 오지 않는 것이어야 한다.

선생님들을 위한 제안

이 책에 담긴 제안들은 학생들뿐만이 아니라 선생님들에게
도 유용한 것이다. 저자인 나도 그렇지만 선생님들이 마음속에
갖고 있어야 할 주된 목표는 강의를 통해 학생들에게 정보를
채워 넣겠다는 것이 아니라 가능한 한 올바르게 생각하고 공부
하도록 훈련시키는 것이어야 한다고 믿는다.

좋은 교과서를 활용한 수업이 이루어져 학생이 그 내용을
완전히 이해하도록 해야 한다. 수업은 평균적인 학생들이 주어
진 시간 내에 적절하게 그 내용을 흡수하지 못할 정도로 너무
길어서는 안 된다.

그 후에 교실에서 학생을 지목해 수업과 관련된 질문을 하
거나 칠판 위에서 풀 수 있는 문제를 내도록 한다. 그 학생이
제대로 그 수업을 이해했는지 확인하기 위해 공부한 내용의 중
요한 문제들을 모두 질문해야 한다.

대체로 학생은 책 속에 있는 단어들을 그대로 사용해 완벽하게 옳은 대답을 내놓곤 한다. 피상적인 선생님은 그가 말하고 있는 것을 잘 이해하고 있다고 추측할 수 있지만, 만약 선생님이 보다 더 심층적으로 파고들면, 예를 들어, 타당해 보이는 방법으로 왜 그밖의 다르거나 모순되는 방법이나 설명이 사용될 수 없는지를 묻는다면, 학생은 많은 경우에 모순되지만 타당해 보이는 그 방법을 지극히 당연하게 인정하면서 그저 기계적으로 배웠으며 제대로 이해하지 못했다는 것을 드러내게 될 것이다.

만약 학생이 어떤 것이 옳다고 정확하게 말한다면 선생님은 왜 상충되는 설명이 옳지 않은지를 설명해주어야 하며 이 책의 다양한 제안들을, 특히 두 번째와 세 번째 필수적인 요소들을 이용하여 설명해야 한다. 또한 선생님은 위에서 첫 번째 필수적인 요소로 논의했던 것처럼 학생들이 올바른 태도를 계발하도록 노력해야 하며, 학생의 잘못을 엄격하게 고쳐주면서 그것을 이해하도록 이끌어야 한다. 학생이 스스로 생각하게 된다면 실질적으로 공부한 것을 이해할 능력을 갖춘 것이다.

만약 그 학생에게 이런 능력이 없다고 확신한다면, 그 학과를 계속 공부하도록 해서는 안 되며, 어쩌면 그만 두도록 요구해야 할 수도 있다. 자신에게 적합하지 않으며 소화할 수도 없는 교육을 제공하려 노력하는 것은 그 학생을 돕기보다 오히려 상처를 주는 일이며, 종종 전혀 적응하지 못하는 인생을 선택하도록 방치하는 결과가 되기도 한다.

학생은 모든 노력이 존중받을 만한 것이라는 것을 인식하고 있어야 하며, 실패하거나 무능한 변호사, 의사 또는 공학자가 되는 것보다 성공적인 기능인, 노동자 또는 사무원이 되는 것이 훨씬 더 낫다는 것을 인식하고 있어야 한다.

모든 사람에게는 다른 무엇보다 자신에게 더 적합하며 정당한 성공을 거둘 수 있는 직업이 있기 때문이다. 인생에서 행복은 대개 자신의 직업을 찾는 것에 의해 좌우된다. 우리들의 학교에서는 적합하지 않은 분야에 사람들을 적응시키려는 시간과 노력이 낭비되는 경우들이 많이 있다.

좌절하지 말고 가장 잘할 수 있는 일을 찾아라

마지막으로 좌절하지 않는 것이 중요하다는 것을 인식하도록 다시 한 번 요구해야 한다. 성실한 많은 학생들이 거듭되는 실패를 겪은 후에 어느 정도의 무기력에 빠져 낙담하는 태도를 갖곤 한다. 그것은 합격할 수 있을 것이라는 희망 속에 자신의 수업을 외우는 것으로 배우려 노력하는 습관으로 자연스럽게 이어지며, 단지 합격할 수만 있다면, 앞의 페이지들에서 언급했던 나쁜 습관들에 빠지게 된다. 그런 마음가짐은 단호하게 저지되어야만 하며 선생님은 학생을 가혹하게 바로잡아줄 때일지라도, 만약 학생이 자신의 의지를 작동시키고 최대한의 능력을 올바른 태도로 발휘한다면, 그가 도달할 수 있는 가능성들을 알아차리도록 용기를 북돋아 주어야 한다.

이 세상의 직업에서 성공은 뇌보다는 의지에 따라 더 많이 좌우된다. 정신적인 것이거나 도덕적인 것이거나 모든 능력은 거의 무한대로 계발되고 발달시킬 수 있다. 성공한 사람들의 전기를 공부하는 것을 학생들에게 강력히 추천해야 한다. 그런 공부는 성공이 얼마나 자주 거듭되는 실패들 이후에만 얻을 수 있는 것인지를 보여주기 때문이다.

만약 간절히 원한다면, 다시 말해, 충분한 의지력을 갖고 자신의 노력을 올바르게 관리하는 훈련을 한다면, 원하는 것은 무엇이든 이룰 수 있다고 학생에게 말해주는 것은 전혀 과장이 아니다. 하지만 학생들과 함께했던 경험에 따르면 학생들은 종종 엉뚱한 진로를 따르거나 자신에게 적합한 일을 하려고 노력하지 않고 있다는 것을 발견하게 된다.

만약 이것을 합리적으로 명확하게 설명해줄 수 있다면, 학생들은 가장 의욕적으로 그 장점을 취하려는 사람이 될 것이며, 자신에게 가장 어울리는 직업을 갖기 위해 스스로를 훈련시키는 태도로 자신의 공부 방식이나 인생의 목표를 변경할 것이다.

올바른 사람을 올바른 장소에 배치하는 것이 교육의 주요 목표들 중의 한 가지여야 한다. 하지만 학생 자신이 엉뚱한 진로에 있다는 것을 발견하거나 진로를 변경하는 것이 더 좋겠다고 생각하는 것은 좌절하는 것과는 전혀 다른 일이다.

이 세상에 기회는 수없이 많으며 이 사회에서 성공적이며
유용하고 존경받는 일원이 되는 것은 모든 사람의 능력 내에
있는 것이다. 만약 어떤 학생이 자신의 학업에서 지속적으로
성공을 거두지 못하고 있다면, 그 원인을 알아보기 위해 노력
하면서 신중하게 자신을 점검해보아야만 한다. 자신이 엉뚱한
진로에 있다고 너무 성급하게 결론을 내려서는 안 되겠지만 친
구들과 선생님들에게 솔직하고 진지하게 충고를 구해야 한다.
하지만 어떤 경우라도 스스로 낙담하거나 용기를 잃어서는 안
된다. 또한 어떤 방면에서는 궁극적인 성공을 거둘 수 있다는
자신만의 능력에 대한 자신감을 잃어서도 안 된다.